Les idiotismes du français fondamental

PREMIER DEGRÉ

By the same author

Voici la France! Books I, II and III
A French course for Secondary Schools

Certificate French
A fourth year course leading to G.C.E. 'O' level

French Prose Composition for Sixth Forms
(with J.R. Foster)

Spanish Prose Composition for Sixth Forms
(with R.C. Williams)

Les idiotismes du français fondamental

PREMIER DEGRÉ

D. K. Pryce, B.A.

Head of Modern Language Department
Downside School

Illustrations
Raymond Fishwick

HARRAP
LONDON

First published in Great Britain 1974
by George G. Harrap & Co. Ltd.
182-184 High Holborn, London WC1V 7AX

ISBN 0 245 51978 5

Composed in 11pt IBM Press Roman
Printed and bound in Great Britain by
REDWOOD BURN LIMITED, *Trowbridge and Esher*

PREFACE

Idioms, every-day expressions and proverbs spring from the daily involvements of ordinary people and consequently the 1475 words of *Le français fondamental, premier degré* word list are a very productive source of supply. All the headwords in the first part of this book are taken from the *Premier Dictionnaire en Images* by Pierre Fourré (Harrap) and very nearly every word used in the idioms, etc. belongs to the premier degré list. The occasional word that does not belong to this list is printed in italics.

The second part of this book consists of 46 groups of exercises which aim at testing the student's knowledge of approximately two pages of idioms at a time. In the multiple-choice questions there is, occasionally, more than one correct answer. This has been done with a view to encouraging the student to look carefully at *all* alternatives given.

I am indebted to *Harrap's Concise French and English Dictionary*, *Harrap's Standard French and English Dictionary*, the *Petit Larousse* and the *Dictionnaire Fondamental de la Langue Française* by Georges Gougenheim (Harrap) for most of the examples selected.

It is hoped that this book will help students to expand the knowledge of French that they have acquired from their study of a course based on *Le français fondamental, premier degré*.

D.K.P.

Première partie

Les idiotismes français-anglais

A

à

à la campagne	in the country
à l'école	in (to) school
au voleur!	stop thief!
attendre à plus tard	to wait until later
à jeudi!	see you on Thursday!
avoir quelque chose à la main	to have something in one's hand
au mois de juillet	in the month of July
au premier étage	on the first floor
à la douzaine	by the dozen
à la française	in the French fashion
manger à sa faim	to eat one's fill
penser à quelque chose	to think of something
à quoi penses-tu?	what are you thinking of?
une tasse à thé	tea-cup
un homme à barbe noire	a man with a black beard
une femme aux yeux bleus	a woman with blue eyes
ce livre est à Paul	this book is Paul's
c'est très gentil à vous	that is very nice of you
sauter à la corde	to skip
monter à la Tour Eiffel	to go up the Eiffel Tower
c'est à vous	it is your turn
elle est laide à faire peur	she is frightfully ugly

au voleur!

d'abord — first of all, at first

un accident

il a eu un accident	he has had an accident

il y a eu un accident	there has been an accident
par accident	accidentally
nous sommes arrivés sans accident	we arrived safely

d'accord

je suis d'accord avec vous	I agree with you
ils se sont mis d'accord	they came to an agreement

acheter

je l'ai acheté cinq francs	I bought it for five francs
j'ai acheté ce tableau au marchand	I bought this picture from the dealer
je l'ai acheté bon marché	I bought it cheap
je vais lui acheter un livre	I am going to buy a book from him I am going to buy him a book.

une **adresse**

une lettre à mon adresse	a letter addressed to me
cette adresse est mal mise	this address is wrongly (badly) written
des jeux d'adresse	games of skill

une **affaire**

ce n'est pas votre affaire	it is no business of yours
j'en fais mon affaire	I will deal with it
il sait son affaire	he knows what he is doing
il a fait une bonne (mauvaise) affaire	he made a good (bad) bargain
il est venu pour affaires	he has come on business
avoir affaire à quelqu'un	to have to deal with someone
je fais de bonnes affaires	I am doing well in business
ce n'est que l'affaire d'un instant	it won't take a minute
j'ai votre affaire	I have the very thing you want
un homme d'affaires	a business man
mes affaires sont au bureau	my things are in the office

un **âge**

quel âge as-tu?	how old are you?
je suis d'âge à faire cela	I am old enough to do that
elle est morte avant l'âge	she died before her time
un enfant âgé de dix ans	a ten year old child

agréable

travailler au soleil n'est pas agréable	working in the sun is not pleasant
je le ferai pour vous être agréable	I will do it to oblige you

aider

aide-toi, le ciel t'aidera	God helps those who help themselves
je me suis fait aider	I got some help
aidez-moi à porter ceci	help me to carry this
le temps aidant	with the help of time

une **aiguille**

travailler à l'aiguille	to do needlework
chercher une aiguille dans une *botte* de foin	to look for a needle in a haystack

aimer

j'aime faire cela	I like doing that
j'aime mieux faire cela	I prefer to do that
je l'aime d'amour	I love her (him)

ainsi

s'il en est ainsi	if such is the case
et ainsi de suite	and so on
pour ainsi dire	so to speak

un **air**

sortir prendre l'air	to go out for a breath of fresh air
dans (en) l'air	in the air
en plein air	in the open air
vivre de l'air du temps	to live on next to nothing
il fait de l'air	it is breezy
un courant d'air	a draught
elle a l'air gai (triste)	she looks cheerful (sad)
se donner des airs	to give oneself airs
je connais des paroles sur cet air-là.	I've heard that tale before

ajouter

ajouter des chiffres	to add up figures
ajouter l'*action* aux *paroles*	to suit the action to the words

aller

comment allez-vous?	how are you?
je vais bien	I am well
cela va sans dire	that goes without saying
cet habit me va bien	this coat suits (fits) me
ça va	all right, O.K.
j'y vais! on y va!	(I'm) coming!
il y va de tout son cœur	he is putting his back into it
allez-y!	go ahead! get on with it!
il va de soi	it goes without saying
il y va de la vie	it is a matter of life and death
allons!	come on!
un *match* aller	an away match
au *pis* aller	if the worst comes to the worst
un billet d'aller et *retour*	a return ticket

amuser

amusez-vous bien!	have a good time!

un **an**

en l'an 1900	in the year 1900
le jour de l'an	New Year's day
bon an, mal an	taking one year with another

ancien

un ancien élève	old boy (of a school)
une amitié ancienne	a friendship of long standing
il est votre ancien	he is senior to you
un meuble ancien	a piece of antique furniture
L'Ancien Testament	The Old Testament

une **année**

pendant toute une année	for a whole twelvemonth

un **appartement**

j'ai un appartement à Paris	I have a flat in Paris

appeler

appeler quelqu'un de la main	to beckon to someone
faire appeler un médecin	to call in a doctor
comment vous appelez-vous?	what is your name?
je m'appelle Jean	my name is John

apprendre

j'ai appris cette nouvelle à mon ami	I informed my friend of this news

j'ai appris cette nouvelle de mon ami	I heard this news of my friend
j'apprends à lire	I am learning to read
j'apprends à lire à mes élèves	I teach my pupils to read

elle est toujours après moi

après

je cours après lui	I run after him
elle est toujours après moi	she is always nagging me
peindre d'après *nature*	to paint from life
un film d'après le *roman* de...	a film based on the novel by...
après-demain	the day after tomorrow
l'après-midi (m. or f.)	afternoon

un **argent**

je veux en avoir pour mon argent	I want to have my money's worth

arranger

arranger une chambre	to tidy up a room
arranger une fête	to get up an entertainment
arranger une affaire	to settle a matter (amicably)
je me suis arrangé avec lui	I came to an agreement with him

s' **arrêter**

j'ai arrêté le train	I stopped the train
le train s'est arrêté	the train stopped
il m'a arrêté tout court	he stopped me short
l'agent a arrêté le voleur	the policeman arrested the thief
nous nous sommes arrêtés en route	we broke our journey
les ouvriers s'arrêtent de travailler	the workers stop working

arriver

arriver à bon port	to arrive safely
il n'arrivera jamais à rien	he will never succeed in anything

je n'arriverai jamais à comprendre cela	I will never succeed in understanding that
cela arrive tous les jours	that happens every day
il lui est arrivé un accident	he has met with an accident

s' **asseoir**

il s'assied	he sits down
il est assis	he is sitting (i.e. seated)

assez

j'aurai assez de cent francs	I shall have enough with a hundred francs
j'en ai assez!	I am sick of it! I've had enough
elle est assez stupide pour faire cela	she is stupid enough to do that

une **assiette**

on mange dans une assiette	one eats off a plate
je ne suis pas dans mon assiette	I am feeling out of sorts

(s')**attendre**

vous m'avez fait attendre	you kept me waiting
attendez donc!	wait a bit!
je m'attends à ce qu'il vienne	I expect he will come
tu parleras tout à l'heure, en attendant, finis ta soupe	you can have your say in a moment, meanwhile finish your soup

une **attention**

faites attention!	take care!
attention à la peinture!	wet paint!

attraper

attraper un *rhume*	to catch a cold
attrape!	take that!

autant

je me suis levé, il en a fait autant	I got up and he did the same
autant vaut rester ici	one might as well stay here
autant qu'il m'en *souvienne*	as far as I can remember
je l'en aime d'autant plus	I like him all the better for it

une **auto**

faire de l'auto	to go in for motoring
sais-tu conduire une auto?	can you drive a car?

autour	
tourner autour du pot	to beat about the bush
la terre tourne autour du soleil	the earth revolves round the sun
je *possède* autour d'un million	I am worth about a million
autre	
d'autres vous diront	others will tell you
parler de choses et d'autres	to talk about this and that
nous autres *Anglais*	we English
cela peut arriver d'un jour à l'autre	that may happen any day
ni l'un ni l'autre	neither
un tout autre homme	quite a different man
à d'autres!	tell that to the Marines! (i.e. that is nonsense!)
c'est tout autre chose	that's quite a different matter
en **avance**	
ils sont arrivés en avance	they arrived before their time
avancer	
à quoi cela vous avancera-t-il?	what good will that do you?
ma montre avance d'une minute	my watch is one minute fast
avant	
avant tout	above all
avant de partir	before leaving
la nuit d'avant	the night before
en avant à toute vitesse!	full speed ahead!
avec	
il a été très gentil avec moi	he was very kind to me
un **avis**	
à mon avis	in my opinion
j'ai changé d'avis	I have changed my mind
demander l'avis de quelqu'un	to ask someone's advice
«Avis important»	"Important notice"
jusqu'à nouvel avis	until further notice
avoir; il y a	
j'ai douze ans	I am twelve
vous m'avez eu!	you had me there!

qu'avez-vous?	what is the matter?
j'en ai pour cinq minutes	I will be ready in five minutes
combien y a-t-il d'élèves?	how many pupils are there?
il n'y a pas de quoi	please don't mention it
qu'est-ce qu'il y a?	what is the matter?
il y a cent ans	a hundred years ago
combien y a-t-il d'ici à Paris?	how far is it to Paris?

avril

donner un poisson d'avril à quelqu'un	to make an April-fool of someone

B

baisser

baisser les lumières	to dim the lights
baisser les yeux	to look down
le soleil baisse	the sun is sinking
les prix baissent	prices are coming down
sa vue baisse	his sight is failing

la **balle**

jouer à la balle	to play with a ball
renvoyer la balle à quelqu'un	to give someone tit for tat; to retort sharply
à vous la balle	it's your turn

le **ballon**

envoyer un ballon d'*essai*	to put out a feeler

la **barbe**

rire dans sa barbe	to laugh up one's sleeve
c'est la barbe alors! (slang)	Oh blast it!

bas

à voix basse	in a whisper
un enfant en bas âge	a child of tender years
j'ai la vue basse	I am short-sighted
les hauts et les bas de la vie	life's ups and downs
aller en bas	to go downstairs
à bas nos ennemis!	down with our enemies!

le **bateau**

aller en bateau	to go boating
j'ai pris le train du bateau	I caught the boat-train

le **bâton**

il m'a donné des coups de bâton	he beat me (with a stick)
mettre des bâtons dans les roues	to put a spoke in someone's wheel

(se) **battre**

le cœur me bat	my heart is thumping
battre les cartes	to shuffle the cards
battre la campagne	to wander (in one's mind)
battre des mains	to clap (applaud)
battre du pied	to stamp one's feet
suivre le chemin battu	to follow the beaten track
je me suis battu contre l'ennemi	I fought the enemy

beau

vous avez beau jeu!	now's your chance!
il voit tout du beau côté	he sees the bright side of everything
il fait beau	the weather is fine
j'ai beau parler	I speak in vain (nobody listens to me)
j'ai eu une belle peur!	I got an awful fright!
au beau milieu de la rue	right in the middle of the street
il pleut de plus belle	it is raining harder than ever
vous l'avez *échappé* belle	you had a narrow escape
jouer la belle	to play the deciding game or set
le temps est au beau fixe	the weather is set fair

beaucoup

beaucoup d'entre nous le savent	many of us know it
c'est de beaucoup le meilleur	it is by far the best

le **bec**

il nous a tenus le bec dans l'eau	he kept us in suspense
vous m'avez laissé le bec dans l'eau	you left me in the lurch
ferme ton bec!	shut up!

le **besoin**

j'ai besoin d'argent	I need money.

au besoin	in case of need, if necessary
si besoin est	if need be
nous sommes dans le besoin	we are in want

la **bête**

pas si bête!	I'm not such a fool!
ma bête noire	my pet aversion

bien

vous avez bien fait	you did quite right
je me porte bien	I am well
c'est bien à vous d'être venu	it is nice of you to have come
je ne me sens pas bien	I don't feel well
je suis très bien avec elle	I am on good terms with her
est-ce bien toi?	is it really you?
bien des fois	many times
tant bien que mal	somehow or other
grand bien lui fasse!	much good may it do him (her)!
c'est très gentil à vous de bien vouloir faire cela	it is very nice of you to be willing to do that

bientôt

à bientôt!	see you again soon!
c'est bientôt dit!	it is easier said than done!

blanc

c'est un blanc-bec	he is a greenhorn
j'ai passé une nuit blanche	I had a sleepless night

le **blé**

faire les blés	to cut the corn
manger son blé en herbe	to spend one's money before one gets it

il a trop bu

bleu

un bas-bleu	a blue stocking
mon bras est couvert de bleus	my arm is covered with bruises
cela m'a donné une peur bleue	it put me in a blue funk

boire

il boit sa bière à petits coups	he sips his beer
il a trop bu	he is the worse for drink
donner à boire à quelqu'un	to give someone a drink
boire comme un trou	to drink like a fish

le **bois**

je leur ferai voir de quel bois je me chauffe	I shall show them what stuff I am made of

bon

cela est bon à dire	it's easier said than done
il n'est pas dans le bon train	he isn't on the right train
vous êtes bien bon	you are very kind
acheter quelque chose (à) bon marché	to buy something cheap
à quoi bon?	what's the good of it?
puis-je vous être bon à quelque chose?	may I help you?
je ferai comme bon me semblera	I shall do as I think fit
Bonne Année!	A Happy New Year!
cela sent bon!	that smells good!
il fait bon ici!	it is pleasant here!
elle est partie pour de bon	she has gone for good
est-ce pour de bon?	are you in earnest?
en voilà une bonne!	that's a good one!

bonjour

c'est simple comme bonjour	it's as easy as winking
je vous donne le bonjour	I bid you good-day

le **bord**

remplir les verres à pleins bords	to fill the glasses to the brim
aller au bord de la mer	to go to the seaside

la **bouche**

je le garde pour la bonne bouche	I'm keeping it for a tit-bit
manger à pleine bouche	to eat greedily

boucher

cela servira à boucher un trou	that will serve as a stop-gap
se boucher le nez	to hold one's nose
se boucher les oreilles	to stop one's ears, to refuse to hear

le **bout**

écouter quelqu'un jusqu'au bout	to hear someone through
au bout du compte	after all
de bout en bout	from beginning to end
il a poussé à bout ma *patience*	he has exhausted my patience
je suis à bout (de forces)	I am exhausted
à bout d'essence	out of petrol
il m'a dit cela à bout portant	he told me that point-blank
prendre une chose par le bon bout	to tackle a thing the right way
un bout de papier	a little piece of paper

la **boutique**

parler boutique	to talk shop

le **bouton**

tourner le bouton	to switch (the radio) on or off
« Appuyez sur le bouton »	"Press the button"
il a des boutons sur le visage	his face is covered with spots

le **bras**

il a les bras longs	he has long arms
il a le bras long	he is very influential
les bras m'en tombent	I am amazed
j'ai cinq petits enfants sur les bras	I have five little children on my hands

j'ai cinq petits enfants sur les bras

saisir quelqu'un à bras-le-corps	to grapple with someone
bras dessus bras dessous	arm in arm
nous manquons de bras	we are short-handed

le **brosse**

donner un coup de brosse à quelqu'un	to give someone a brush-down

le **bruit**

le bruit court que...	rumour has it that...
faire courir un bruit	to spread a rumour
beaucoup de bruit pour rien	much ado about nothing

brûler

brûler le *pavé*	to drive (a car) very fast
brûler les feux	to jump the traffic-lights
ça sent le brûlé	there is a smell of burning
les mains lui brûlent	he is all impatience to be up and doing
tu brûles!	you're getting warm (in children's games)
il s'est brûlé la main	he burnt his hand
je brûle de te revoir	I'm longing to see you again

C

ça

comment ça va?	how are you?
ça y est!	that's it!
comme ci comme ça	fair to middling; so so; not too bad(ly)
ah ça alors!	damn it! good heavens!

la **campagne**

en pleine campagne	in the open country

la **carte**

je vous donne carte blanche	I give you permission to act on your own initiative
jouer aux cartes	to play cards
jouer cartes sur tables	to act fairly and above-board
la carte du jour	the (day's) menu

casser

se casser la tête	to break one's head, to cudgel one's brains

la **cause**

pour cause	for a very good reason
agir (parler) en *connaissance* de cause	to act (speak) with full knowledge of the case
à cause de	because of, on account of

cent

il est cent pour cent Français	he is a hundred per cent French
faire les cent pas	to pace up and down

certain

je tiens cela pour certain	I look upon that as a certainty
une certaine chose	something or other
une chose certaine	a sure thing

chacun

trois francs chacun	three francs each
chacun pour *soi*	every man for himself
chacun son *goût*	every man to his taste

la **chambre**

la *domestique* a fait ma chambre	the servant has done out my room
le malade gardera la chambre	the patient will keep to his room

le **champ**

prendre *à travers* champs	to cut across country
prendre la clé des champs	to decamp, to abscond
le champ est libre	the coast is clear
je suis à bout de champ	I'm at the end of my tether
sur-le-champ	immediately

la **chance**

tu as de la chance!	lucky dog!
il n'a pas de chance	he's out of luck
il a peu de chances de réussir	he has little chance of succeeding
je vous *souhaite* bonne chance	I wish you good luck
quelle chance!	what luck!

changer

elle change de vêtements	she is changing (her clothes)
le temps va changer	the weather is on the turn
la campagne me changera	the country will be a change for me
ça me changera les idées	it will take my mind off things

la **chanson**

c'est toujours la même chanson!	it's the same old story!
chansons que tout cela!	that's a lot of nonsense!

chanter

le coq chante	the cock crows
chanter *victoire* sur quelqu'un	to crow over someone
faire chanter quelqu'un	to blackmail someone
qu'est-ce que vous me chantez?	what fairy-tale is this you are telling me?

faire chanter quelqu'un

le **chapeau**

saluer quelqu'un d'un coup de chapeau	to raise your hat to someone

(se) **charger**

charger une pipe	to fill a pipe
charger un *fusil*	to load a gun
charger une lettre	to register a letter
il m'a chargé de le faire	he instructed me to do it
je m'en chargerai	I will undertake that

la **charrue**

mettre la charrue devant les bœufs	to put the cart before the horse
tirer la charrue	to pull the plough; to have a hard time of it

le **chat**

le chat parti les *souris* dansent	when the cat's away the mice do play
acheter chat en poche	to buy a pig in a poke
ne réveillez pas le chat qui dort	let sleeping dogs lie
à bon chat bon *rat*	tit for tat
chat *échaudé* craint l'eau chaude	once bitten twice shy
vivre comme chien et chat	to lead a cat and dog life
je donne ma langue au chat	I give up (trying to guess the answer to a riddle)

chaud

j'ai chaud	I am warm
il fait chaud	the weather is warm
avoir la tête chaude	to be hot-headed
pleurer à chaudes *larmes*	to weep bitterly

chauffer

chauffer une chambre (une maison)	to heat a room (a house)
chauffer un *examen*	to cram for an exam

le **chemin**

qui trop se *hâte* reste en chemin	more haste less speed
tout chemin *mène* à Rome	all roads lead to Rome
il y a cinq minutes de chemin	it is five minutes away
il fera son chemin	he will make his way in the world
chemin faisant	on the way
je ferai un bout de chemin avec toi	I will go some of the way with you
se mettre en chemin	to set off
il ne faut pas y aller par quatre chemins	one must not beat about the bush (one must get straight to the point)

le **chèque**

toucher un chèque	to cash a cheque

cher

ça coûte cher	that is expensive
les moments me sont chers	my time is precious
il me le payera cher	I will make him pay dearly for it

chercher	
envoyer chercher le médecin	to send for the doctor
qui cherche trouve	seek and you shall find
je cherche à faire cela	I am trying to do that
le **cheval**	
aller à cheval	to ride (a horse)
monter à cheval	to go in for riding
à cheval	on horseback
à cheval sur une chaise	sitting astride a chair
monter sur ses grands chevaux	to ride the high horse
à cheval donné on ne regarde pas à la dent	never look a gift horse in the mouth
le **cheveu**	
couper un cheveu en quatre	to split hairs
voilà le cheveu!	there's the rub!
se *brosser* les cheveux	to brush one's hair
se faire couper les cheveux	to have a hair-cut
la **chèvre**	
ménager la chèvre et le *chou*	to run with the hare and hunt with the hounds
chez	
je vais chez moi	I am going home
je vais chez l'épicier	I am going to the grocer's
chez les Français	in the character (nature) of French people; in France
c'est une habitude chez moi	it's a habit of mine
chez Molière	in Molière's works
aimer son chez *soi*	to love one's home
il n'y a pas de petit chez *soi*	there's no place like home
faire comme chez *soi*	to make oneself at home
chez M. Dupont	c/o M. Dupont (on envelopes)
le **chien**	
cela n'est pas bon à jeter aux chiens	that isn't fit to give to a dog; that is worthless
quel temps de chien!	what filthy weather!
je suis comme un chien à l'*attache*	I have no freedom at all
qui veut noyer son chien l'accuse de la *rage*	give a dog a bad name and hang it
entre chien et *loup*	at dusk

la **chose**

dites des choses *aimables* de ma part à votre frère	remember me kindly to your brother
la chose en question	the case in point
quelque chose de bon (mauvais)	something good (bad)
je vois la chose	I see how matters stand
je suis tout chose (fam.)	I feel queer
je veux manger autre chose	I want to eat something different
chose curieuse, personne n'en savait rien	curiously enough, nobody knew anything about it
dire le mot et la chose	to call a spade a spade

le **ciel**

à ciel ouvert	out of doors
il est tombé du ciel	he came as a godsend
remuer ciel et terre	to move heaven and earth

clair

il ne fait pas clair ici	it is very dark here
bleu clair (invariable)	light blue
cette pièce est claire	this room is nice and light (well lit)
au clair de (la) lune	in the moonlight
je n'y vois pas très clair	I don't understand it very clearly
il faut tirer cela au clair	that must be clearly understood
le plus clair de ses *économies*	the best part of his savings

il est sous clé

la **classe**	
les hautes classes	the upper classes; the upper school
aller en classe	to go to school
la **clé (clef)**	
fermer une porte à clé	to lock a door
tenir quelque chose sous clé	to keep something under lock and key
il est sous clé	he is in prison
le **clou**	
mettre quelque chose au clou	to pawn something
le clou d'une soirée	the main attraction (at a party or entertainment)
il est resté cloué sur place	he stood rooted to the ground
être cloué à son lit	to be bedridden
le **cœur**	
j'ai mal au cœur	I feel sick
j'ai quelque chose sur le cœur	I have something on my mind
parler à cœur ouvert	to speak freely
avoir le cœur gros	to be sad at heart
vous avez trop de cœur	you are too tender-hearted
si le cœur vous en dit	if you feel like it
je n'ai pas le cœur à faire cela	I am not in the mood to do that
j'ai à cœur de faire cela	I am bent on doing that
il l'a appris par cœur	he learnt it by heart
vous m'avez donné du cœur	you have cheered me up
il a du cœur au ventre	he has plenty of guts
faire contre mauvaise fortune bon cœur	to put a brave face on things
vous y allez de bon cœur	you are working with a will
il a le cœur bien placé; il a bon cœur	his heart is in the right place
au cœur de l'hiver	in the depth of winter
je l'ai fait à contre-cœur	I did it against my will
loin des yeux, loin du cœur	out of sight, out of mind
le **coin**	
une place de coin	a corner seat
regarder quelqu'un du coin de l'œil	to give someone a sideways glance
la **colère**	
se mettre en colère	to become angry; to lose one's temper

il est en colère	he is angry
une colère bleue	a towering passion
une personne colère	an irascible person

combien

le combien sommes nous?	what day of the month is it?
c'est combien?	how much is it?
combien il était brave!	how brave he was!

commander

commander à quelqu'un de faire quelque chose	to order someone to do something
j'ai commandé une tasse de café au garçon	I have asked the waiter to bring a cup of coffee

comme

c'est tout comme	it amounts to the same thing
faites comme il vous plaira	do as you please
qu'est-ce que vous avez comme légumes?	what have you got in the way of vegetables?
comme il est bon!	how good (kind) he is!
comme tu as grandi!	how you have grown!

commencer

pour commencer	to begin with
il commence à pleuvoir	it is beginning to rain
j'ai commencé par lire la lettre	I began by reading the letter

comment

comment allez-vous?	how are you?
comment (dites-vous)?	I beg your pardon?
comment faire?	what is to be done?

le **commerce**

il fait le commerce du thé	he deals in tea
je suis en commerce avec elle	I am in touch with her

comprendre

je n'y comprends rien	I can't make it out
cela se comprend	of course, naturally
il y a trois repas dans la journée, y compris le petit déjeuner	there are three meals a day, including breakfast

le **compte**

cela fait mon compte	that is the very thing I wanted

il a son compte	he is done for
elle fait ses comptes	she is adding up her accounts
en fin de compte... tout compte fait...	all things considered...
je ne m'en suis pas rendu compte	I didn't realize it
il se rend compte qu'il va être en retard	he realizes he is going to be late
tenir compte de quelque chose	to take something into consideration
compter	
dix-neuf tous comptés	nineteen all told
sans compter que...	not to mention that...
je compte y aller	I am reckoning on going there
on compte sur vous	they are relying on you
compter jusqu'à 100	to count up to 100
je ne compte pour rien	I am of no importance
conduire	
je sais conduire une auto	I can drive
il m'a conduit à faire cela	he induced me to do that
nous avons conduit à bien cette affaire	we brought off this affair successfully
ce chemin conduit à la ville	this road leads to the town
il se conduit mal (bien)	he behaves badly (well)
connaître	
je ne sais pas s'il me connaît	I don't know whether he knows me
il en connaît bien d'autres	he has plenty more tricks up his sleeve
il gagne à être connu	he improves upon acquaintance
je me connais en peinture	I know all about painting
je parle en *connaissance* de cause	I speak as an expert
connu!	that's an old story!
ça me connaît	you can't teach me anything about that
il ne se connaît plus	he has lost control of himself
le **conseil**	
donne-moi un conseil	give me a piece of advice
un homme de bon conseil	a man worth consulting
contre	
parler pour et contre	to speak for and against

par contre	on the other hand
sa maison est contre la mienne	his house is next to mine
je n'ai rien à dire là-contre	I have nothing to say against it
le **coq**	
au chant du coq	at cock-crow
vivre comme un coq en pâte	to live like a fighting-cock
le coq du village	the cock of the walk
un coq-à-l'âne	a cock-and-bull story
faire des coq-à-l'âne	to skip from one subject to another
la **corde**	
sauter à la corde	to skip
se mettre la corde au cou	to put a halter round one's own neck
ce drap montre la corde	this cloth is threadbare
je tiens la corde	I hold the advantage
il *mérite* la corde	he deserves to be hanged
le **corps**	
il a pris du corps	he has put on weight
saisir quelqu'un à bras le corps	to grapple with someone
perdu corps et biens	lost with all hands
la **côte**	
côte à côte	side by side
à mi-côte	half way up the hill
quand on arrive à une côte il faut changer de vitesse	when you come to a hill you must change down
suivre la côte	to coast; to sail along the coast
les côtes du Rhône	the vineyards on the slopes of the Rhône valley
se tenir les côtes	to laugh fit to burst
le **côté**	
elle était assise à mes côtés	she was sitting by my side
le vent vient du bon côté	the wind is in the right quarter
c'est son côté faible	this is his weak spot
de tous (les) côtés	on all sides
courir de côté et d'autre	to run about in all directions
du côté droit (gauche)	on the right (left) hand side
de l'autre côté de la route	on the other side of the road
de quel côté est l'hôtel?	whereabouts is the hotel?
mettre quelque chose de côté	to put something aside (in reserve)

à côté de	by the side of, next to, beside
le **cou**	
couper le cou à quelqu'un	to behead someone
prendre ses jambes à son cou	to take to one's heels
se casser le cou	to break one's neck
se) **coucher**	
coucher un enfant	to put a child to bed
il a couché chez nous	he spent the night at our house
coucher à la belle étoile	to sleep out in the open
il est couché	he is in bed
le soleil se couche	the sun sets
elle s'est couchée à minuit	she went to bed at midnight
la **couleur**	
j'en ai vu de toutes les couleurs	I've had all sorts of experience
le **coup**	
donner un coup de téléphone	to ring up
donner un coup de marteau	to hit with a hammer
donner un coup de poing	to punch
donner un coup de pied	to kick
donner un coup de couteau	to stab
donner un coup de main	to lend a helping hand
tirer un coup de *fusil*	to fire a shot
en venir aux coups	to come to blows
faire d'une pierre deux coups	to kill two birds with one stone
un coup de vent	a gust of wind
il buvait son vin à petits coups	he was sipping his wine
sur le coup de midi	on the stroke of twelve
un coup de tonnerre	a thunderclap
il a fait un coup de tête	he acted impulsively
tout d'un coup	at one go
tout à coup	suddenly
il fut tué sur le coup	he was killed outright
coup sur coup	in rapid succession
un coup d'œil	a glance
je n'en suis pas à mon coup d'*essai*	I am an old hand at it
à coup sûr	surely, certainly
couper	
il s'est coupé au doigt	he cut his finger
couper au plus court	to take a short cut

couper les cartes	to cut (cards)
il s'est fait couper les cheveux	he had his hair cut

la **cour**

il lui faisait la cour depuis deux ans	he had been courting her for two years
à la cour	at court

courir

j'y cours	I'm going directly
il est arrivé en courant	he came running up
courir un danger	to run a risk
le bruit court que...	rumour has it that. . .
faire courir un bruit	to spread a rumour
par le temps qui court	nowadays
courir le monde	to roam the world over

la **course**

courir une course	to run a race
faire des courses	to run errands; to go shopping
courir de vitesse	to sprint

court

se trouver à court d'argent	to be short of money
tourner court à droite	to turn sharply to the right
tout court	simply

le **couteau**

ils sont à couteaux tirés	they are at daggers drawn

coûter

ça coûte cher	that is expensive
coûte que coûte	at all costs
combien ces fruits coûtent-ils?	how much does this fruit cost?

couvrir

couvrir les pauvres	to clothe the poor
couvrir la table	to lay the table
mettre le couvert	to lay the table
le ciel se couvre	it is becoming overcast

cracher

« Défense de cracher! »	"Do not spit!"
il ne faut pas cracher dessus	it is not to be sneezed at
c'est son père tout craché	he is the dead spit of his father

creuser

se creuser la tête	to rack one's brains
creuser un trou	to dig a hole

creux

il a la tête creuse	he is empty-headed
cela sonne creux	that sounds hollow

le **cri**

elle poussait les hauts cris	she was protesting loudly
c'est le dernier cri	it is the latest fashion

croire

je (le) crois bien	I should think so
n'en croyez rien!	don't you believe it!
je crois que oui	I believe so
à ce que je crois	to the best of my belief
je ne pouvais en croire mes yeux	I couldn't believe my eyes
je crois en Dieu	I believe in God
je crois en toi	I have faith in you

cuire

elle fait cuire le repas	she is cooking the meal
cuit à point	done to a turn
cuire à petit feu	to cook slowly
il vous en cuira	you'll smart for it, you'll be sorry

la **cuisine**

elle fait la cuisine	she does the cooking
elle fait de la bonne cuisine	she is a good cook

curieux

je serai curieux de voir cela	I shall be interested to see that
le curieux de l'affaire	the strange thing about it
cette jeune fille est trop curieuse	this girl is too inquisitive

D

le **danger**

courir le danger de...	to run the risk of...

dans

boire dans un verre	to drink out of a glass
manger dans une assiette	to eat off a plate
il a voyagé dans le monde	he has travelled about the world
dans le temps	formerly
je serai prêt à partir dans cinq minutes	I shall be ready to leave in five minutes
il est dans le commerce	he is in trade
dans cette *occasion*	on that occasion
ça coute dans les mille francs	that costs round about a thousand francs
je suis entré dans la maison	I entered the house

danser

il ne sait sur quel pied danser	he's all at sea

de

du matin au soir	from morning till night
de jour en jour	from day to day
il partit de nuit	he left by night
accompagné de	accompanied by
j'ai fait cela de ma propre main	I did it with my own hand
vivre de sa plume	to live by one's pen
d'une voix douce	in a gentle voice
âgé de douze ans	aged twelve
quelque chose de bon	something good
manquer de courage	to lack courage
un drôle de garçon	a funny chap
il y eut trois hommes de tués	there were three men killed
changer de train	to change trains

debout

se tenir debout	to stand
« Places debout seulement »	"Standing room only"

se **débrouiller**

il se débrouille pour traverser la rivière	he finds a way of crossing the river

décharger

décharger un camion	to unload a lorry
décharger son cœur	to unburden one's heart
décharger son *fusil* sur...	to fire one's gun at ...
décharger sa colère sur...	to vent one's anger on...

déchirer

des cris qui déchirent l'oreille	ear-splitting cries
des cris qui déchirent le cœur	heart-rending cries
il déchira l'enveloppe	he tore open the envelope

décider

nous avons décidé de partir	we decided (after deliberation) to leave
je me suis décidé à le faire	I made up my mind to do it
voilà qui décide tout	that settles it
nous les avons décidés à le faire	we persuaded them to do it
je suis décidé à le faire	I am determined to do it

dedans

je l'ai mis dedans	I took him in
j'ai donné dedans	I fell into the trap

défendre

je lui défends de fumer	I forbid him to smoke
il ne put se défendre de sourire	he couldn't refrain from smiling
il est défendu de...; défense de...	it is forbidden to...

dehors

coucher dehors	to sleep out of doors; to sleep away from home
« Ne pas se pencher au dehors! »	"Do not lean out of the window!"
la vache est en dehors du champ	the cow is outside the field
en dehors de la question	beside the point

déjà

je vous ai déjà vu	I've seen you before
ça n'est déjà pas si mal	that's not half bad (for a start)
je ne veux pas me lever déjà	I don't want to get up yet

demain

à demain!	good-bye till tomorrow
que deviendrons-nous demain ?	what will become of us in the future ?

demander

on vous demande	someone wants to see you
on lui demanda son passeport	he was asked for his passport

j'ai demandé une bouteille de vin au garçon	I asked the waiter for a bottle of wine
je demande à être entendu	I ask to be heard
je me demande pourquoi	I wonder why
demi	
une demi-heure	half an hour
une heure et demie	an hour and a half; half past one
à demi mort	half dead
faire les choses à demi	to do things by halves
la **dent**	
j'ai mal aux dents	I have got toothache
nous n'avons rien à nous mettre sous la dent	we have nothing to eat
il a ri à belles dents	he laughed heartily
manger du bout des dents	to pick at one's food
rire du bout des dents	to force a laugh
avoir les dents longues	to be very hungry
j'ai une dent contre lui	I have a grudge against him
ils sont sur les dents	they are worn out
il m'a déchiré à belles dents	he tore me to pieces (verbally)
montrer les dents	to show fight
se **dépêcher**	
dépêchez-vous	hurry up!
dépenser	
nous avons dépensé un argent fou	we've spent an awful lot of money
depuis	
il voyage depuis Paris jusqu'à Londres	he travels from Paris to London
depuis quand êtes-vous ici?	how long have you been here?
je suis ici depuis deux heures	I have been here for two hours
nous étions à Paris depuis deux jours quand elle est morte	we had been in Paris for two days when she died
depuis le matin jusqu'au soir	from morning till night
déranger	
ne vous dérangez pas!	please don't move!
on ne vous dérange pas?	are we disturbing you?
je me suis dérangé pour l'obliger	I went out of my way to oblige him

dernier

faire un dernier effort	to make a final effort
dans ces derniers temps	latterly
la semaine dernière	last week
la dernière semaine de sa vie	the last week of his life
ce dernier répondit...	the latter replied
le dernier des derniers	the lowest of the low
il a toujours le dernier mot	he always wins (an argument)

descendre

il est descendu de cheval	he dismounted
il est descendu du train	he alighted from the train
il est descendu de la voiture	he got out of the car
« Tout le monde descend! »	"All change!"
il a descendu l'escalier	he came down stairs
il a descendu les *bagages*	he brought the luggage down
je suis descendu dans un hôtel	I put up at a hotel
je suis descendu à l'Hôtel Superbe	I put up at the "Hotel Superbe"
la voiture vous descendra à votre porte	the car will put you down at your door

dessous

ils marchaient bras dessus bras dessous	they were walking arm in arm
les vêtements de dessous	underwear
il me regardait en dessous	he was looking at me furtively
je commençais à avoir le dessous	I was beginning to get the worst of it

dessus

je vous offre le dessus du panier	I am offering you the pick of the basket
je commençais à avoir le dessus	I was beginning to get the upper hand
elle est tombée de dessus sa chaise	she fell off her chair

deux

deux fois	twice
ils sont morts tous les deux	they both died
une femme entre deux âges	a lady of uncertain age
tous les deux jours	every other day
au deuxième étage	on the second floor

devant

marchez tout droit devant vous	go straight ahead

je vais prendre les devants	I'll go on ahead
gagner les devants	to take the lead
devenir	
qu'est devenu votre fils?	what has become of your son?
c'est à devenir fou!	it's enough to drive one mad!
le **devoir**	
je fais mes devoirs	I am doing my homework
se mettre en devoir de faire quelque chose	to prepare to do something
il est de mon devoir de...	it is my duty to...
devoir	
tu dois honorer tes parents	you should honour your parents
tu dois obéir	you must obey
elle doit chanter à l'Opéra ce soir	she is supposed to be singing at the Opera this evening
tu dois avoir faim	you must be hungry
je devais partir à midi	I was to leave at noon
je dus (j'ai dû) partir à midi	I had to (and did) leave at noon
j'avais dû partir à midi	I had had to leave at noon
je devrais aller voir ma mère	I ought to go and see my mother
j'aurais dû aller voir ma mère	I ought to have gone to see my mother
cela devait être	it was meant to be
Dieu	
pour l'amour de Dieu	for goodness sake
s'il plaît à Dieu	God willing
à Dieu ne plaise!	God forbid!
Dieu merci!	thank heaven!
Dieu sait si j'ai travaillé!	heaven knows I've worked hard enough!
la **différence**	
quelle différence avec l'année dernière!	what a difference from last year!
à la différence de...	unlike...
difficile	
les temps sont difficiles	times are hard
il est difficile à vivre	he is hard to get on with
vous faites le difficile	you are hard to please

vous êtes par trop difficile — you are too particular

les temps sont difficiles

dîner

je dîne en ville ce soir — I am dining out this evening

dire

ce disant — with these words
qu'en dira-t-on? — what will people say?
cela ne se dit pas — that is not said
il a dit que oui — he said yes
à vrai dire — to tell the truth
pour ainsi dire — so to speak
à ce qu'il dit — according to him
vous l'avez dit — quite so
ainsi dit, ainsi fait — no sooner said than done
cela va sans dire — that goes without saying
dites donc! — I say!
il ne se l'est pas fait dire deux fois — he didn't wait to be told twice
je lui dis de venir — I told him to come
cela ne me dit rien — that doesn't interest me
que veut dire ce mot? — what does this word mean?
au dire des *professeurs* — according to the teachers

le **doigt**

mon petit doigt me l'a dit — a little bird told me
je le sais sur le bout du doigt — I have it at my finger tips
se mordre les doigts — to bite one's nails with impatience
j'étais à deux doigts de la mort — I was within an ace of death

donc

mais taisez-vous donc! — do hold your tongue!

pensez donc!	just think!
allons donc!	come on!; nonsense!
donner	
je vous le donne en vingt	I give you twenty guesses
c'est donné	it's dirt cheap
donner les cartes	to deal the cards
cela donne à penser	this gives food for thought
je lui donne vingt ans	I put him down as twenty
je lui donne raison	I agree with him
cette fenêtre donne sur la cour	this window looks out on the yard
il a donné de la tête contre...	he banged his head against...
j'ai donné dedans	I walked right into the trap
dormir	
je n'ai dormi que d'un œil	I slept with one eye open
vous pouvez dormir sur les deux oreilles	you need have no cause for uneasiness
il dormait debout	he couldn't keep his eyes open
dormir à poings fermés	to sleep soundly
il n'y a *pire* eau que l'eau qui dort	still waters run deep
le **dos**	
avoir le dos rond	to be round-shouldered
faire le gros dos	to put on important airs
je l'ai sur le dos	I'm saddled with him
« Voir au dos »	P.T.O. (turn over)
double	
faire coup double	to kill two birds with one stone
doux	
tout doux! doucement!	gently!
le **drap**	
nous sommes dans de beaux draps	we are in a sorry plight
le **drapeau**	
être sous les drapeaux	to serve with the colours
se ranger sous le drapeau	to join the army
droit, le **droit**, la **droite**	
allez tout droit	keep straight on

tenez la droite!	keep to the right
j'ai droit à cela	I have a right to that
à bon droit	with good reason

drôle

quelle drôle d'idée!	what a funny idea!

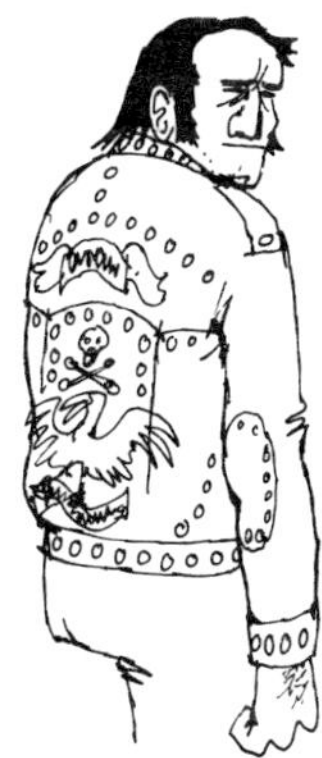

il est dur à cuire

dur

il est dur à cuire	he's a tough nut
travailler dur	to work hard
j'ai l'oreille dure	I am hard of hearing
rendre la vie dure à quelqu'un	to give someone a hard time of it

E

une **eau**

laver le plancher à grande eau	to swill the floor
une ville d'eau	watering place; spa
cela lui fait venir l'eau à la bouche	that makes his mouth water
je suis tout en eau	I am dripping with perspiration

une **échelle**

il m'a fait la courte échelle	he gave me a helping hand
monter à l'échelle	to climb the ladder
après lui il faut tirer l'échelle	we can never better that

éclairer	
cette maison est éclairée à l'électricité	this house is lit by electricity
une **école**	
aller à l'école	to go to school
on vous a mis à bonne école	you know a thing or two
faire l'école *buissonnière*	to play truant
écouter	
j'écoute de toutes mes oreilles	I am all ears
j'écoute!	hullo! (on answering the telephone)
écraser	
il s'est fait écraser	he got run over
écrire	
une machine à écrire	a typewriter
écrire à la machine	to type
élever	
bien élevé	well brought up
embrasser	
« je vous embrasse de tout mon cœur »	" with much love "
emmener	
je vous emmène au théâtre	I'm taking you to the theatre
je vais vous emmener dans mon auto	I'll take you in my car
s'**empêcher**	
je n'ai pu m'empêcher de rire	I couldn't help laughing
emporter	
le diable l'emporte!	the devil take him!
il s'est laissé emporter à la colère	he gave way to anger
nous l'avons emporté sur lui	we got the better of him
en	
j'en viens	I've just come from there
j'en ai cinq	I have five
je vais en France	I'm going to France
il s'est habillé en soldat	he dressed as a soldier

si le cœur vous en dit	if you feel so inclined
on réussit en travaillant	one succeeds by working
encore	
hier encore je lisais un de ses livres	only yesterday I was reading a book of his
pas encore	not yet
encore un verre de vin	another glass of wine
quoi encore?	what else?
encore une fois	once more
non seulement..., mais encore...	not only... but also....
encore si on pouvait lui parler	even if one could talk to him
il fait un temps agréable encore qu'un peu froid	it is pleasant weather if rather cold
il n'a pas encore été malade	he hasn't been ill yet
si encore il comprenait	if he could at least understand
un **endroit**	
par endroits	here and there
je l'ai pris sur son endroit faible	I found his weak spot
(e) **enfant**	
c'est un bon enfant	he's a good-natured chap
enlever	
enlever le *couvert*	to clear the table
enlever un enfant	to kidnap a child
ensemble	
nous sommes bien ensemble	we are good friends
entendre	
j'entends que vous veniez	I expect you to come
j'en ai entendu parler	I have heard tell of it
c'est entendu!	agreed!
bien entendu!	of course!
cela s'entend	that is understood
entre	
entre les deux	betwixt and between
tomber entre les mains de l'ennemi	to fall into the enemy's hands
combien d'entre vous?	how many of you?
entrer	
« Défense d'entrer »	"No admittance"

il est entré en courant	he ran in
il est entré dans la maison	he entered the house
il est entré au *collège* (à l'*université*)	he entered the college (the university)

envie

elle a envie d'un beau jouet	she wants a nice toy
j'ai envie de rire	I have an urge to laugh
cela me fait envie	that makes me envious
je lui porte envie	I envy him

envoyer

envoyez chercher le médecin	send for the doctor
je l'ai envoyé promener	I sent him packing
envoyez-moi la balle!	throw me the ball!

une **épaule**

il m'a donné un coup d'épaule	he gave me a shove; he gave me a helping hand

chercher une épingle dans une meule de foin

une **épingle**

tiré à quatre épingles	spick and span
tirer son épingle du jeu	to get out of a venture without loss
ces sont des coups d'épingle	they are pin-pricks (petty annoyances)
chercher une épingle dans une *meule* de foin	to look for a needle in a hay-stack

un **escalier**

il a monté (descendu) l'escalier	he went up (down) stairs
il descend l'escalier quatre à quatre	he comes rushing down-stairs
avoir l'esprit de l'escalier	to think of the right answer when it is too late

	esprit	
	il m'est venu à l'esprit que...	it occurred to me that...
une	**étoile**	
	il est né sous une bonne étoile	he was born under a lucky star
	étonner	
	cela m'étonne que tu aies fait cela	I am astonished that you did that
	étranger	
	vivre à l'étranger	to live abroad
	aller à l'étranger	to go abroad
	être	
	ainsi soit-il	so be it; amen
	il est de mes amis	he is a friend of mine
	comme si de rien n'était	as if nothing had happened
	il était une fois...	once upon a time there was...
	où en sommes-nous?	how far have we got?
	c'en est trop!	this is past bearing!
	il n'en est rien!	nothing of the kind!
	je suis à vous dans un moment	I shall be at your service in a moment
	c'est à vous de jouer	it is your turn to play
	j'ai été voir mon ami	I have been to see my friend
	j'en suis pour ma peine	I have had all my trouble for nothing; all my efforts were in vain
(s')	**excuser**	
	je m'excuse d'avoir fait cela	I beg your pardon for doing that
	vous devriez faire des excuses	you ought to apologise
	excusez-moi!	pardon me!
un	**exemple**	
	par exemple	for instance
	par exemple!	the idea of it!
	ah non, par exemple!	no indeed!
	je vais faire un exemple de lui	I'm going to make an example of him
	expliquer	
	je ne m'explique pas pourquoi	I cannot understand why

F

en **face** (de)	
la maison d'en face	the house opposite
regarder quelqu'un (bien) en face	to look someone full in the face
facile	
un homme facile à vivre	a man who is easy to get on with
la **façon**	
de cette façon	in this way
je le ferai à ma façon	I shall do it in my own way
je l'ai arrangé de la belle façon	I gave him a good dressing down
sans plus de façons	without any more ado
de toute façon j'irai	anyhow, I shall go
en aucune façon!	by no means!
il part de bonne heure de façon à ne pas manquer le train	he leaves early so as not to miss the train
faible	
j'ai un faible pour...	I have a weakness for...
la **faim**	
j'ai très faim	I am very hungry
manger à sa faim	to eat one's fill

une bonne à tout faire

faire

les vieilles gens sont ainsi faits	old people are like that
des vêtements tout faits	ready-made clothes
il s'est fait des amis	he has made friends
elle vient de faire les provisions	she has just laid in provisions
que faire?	what is to be done?
vous allez avoir de quoi faire	you are going to have your work cut out
une *bonne* à tout faire	a maid of all work
c'est bien fait!	it serves you right!
voilà qui est fait	that's done (settled)
faire de l'auto	to go in for motoring
faire du cent à l'heure	to drive at 100km. an hour
il fait son droit	he is studying law
faire une promenade	to go for a walk
cela fera mon affaire	that will suit me
qu'est-ce que ça fait?	what does that matter?
ça ne fait rien	that doesn't matter; never mind
je n'ai que faire de cela	I have no need of that
il faisait le malade	he was shamming illness
c'en est fait de lui	it's all up with him
il fait mauvais voyager par ces routes	it is hard travelling on these roads
il fait beau (mauvais, froid, chaud, lourd, sombre)	the weather is fine (bad, cold, hot, sultry, dull)
ne t'en fais pas! (fam.)	don't worry about it!
je n'ai fait que le toucher	I only touched it
je ne fais qu'arriver	I have only just arrived
rien n'y fait	nothing avails
il se fait tard	it is getting late
je me suis fait faire cette robe	I have had this dress made for me

le **fait**

je l'ai pris sur le fait	I caught him in the act
aller droit au fait	to get straight to the point
en fait; de fait	as a matter of fact

falloir

il lui faut un nouveau chapeau	he needs a new hat
il m'a fallu trois jours pour le faire	it took me three days to do it
un homme comme il faut	a gentleman
faut-il que je sois bête!	how silly of me!
il viendra s'il le faut	he will come if need be

un homme comme il faut

la **famille**

en famille	as a family party
cela tient de famille	that runs in the family
l'esprit de famille	clannishness

la **farine**

ce sont gens de (la) même farine	they are birds of a feather

la **faute**

sans faute	without fail
faute d'argent	for want of money
faute de quoi...	failing which...

faux

ça sonne faux	that sounds wrong; that has a false ring
faire un faux pas	to blunder
faire fausse route	to be on the wrong track
elle chante faux	she sings out of tune

fenêtre

jeter quelque chose par la fenêtre	to throw something out of the window
mettre la tête à la fenêtre	to thrust one's head out of the window

le **fer**

tomber les quatre fers en l'air	to go sprawling

fermer

fermer la radio	to switch off the radio

fermer l'électricité	to switch off the light
fermer boutique	to shut up shop
à la nuit fermée	when night had fallen
fermer la bouche à quelqu'un	to force someone to keep silent
la **fête**	
c'est jour de fête	it's a holiday
ce n'est pas tous les jours fête	we'll make this an occasion
le **feu**	
prendre feu	to catch fire; fly into a passion
vous avez du feu?	have you got a light?
j'en mettrais la main au feu	I would swear to it
il fut tué au feu	he was killed in action
je suis entre deux feux	I'm caught between two fires
la **fièvre**	
il a de la fièvre	he's got a temperature
le **fil**	
être au bout du fil	to be on the 'phone
au fil de l'eau	with the stream
le **filet**	
avoir le filet	to be tongue-tied
j'ai mis la valise dans le filet	I put the suitcase on the rack
la **fille**	
voici ma fille	here is my daughter
j'aime une jeune fille	I'm in love with a girl
son nom de jeune fille	her maiden name
une vieille fille	a spinster
le **fils**	
c'est bien le fils de son père	he's a chip off the old block
la **fin**	
mener une affaire à bonne fin	to bring an affair to a successful conclusion
à quelle fin?	for what purpose?
qui veut la fin veut les moyens	where there's a will there's a way
finir	
il finira mal	he will come to a sticky end

cela n'en finit plus	there's no end to it
finissons-en!	let's have done with it!
pour en finir	to cut the matter short
la **fleur**	
elle est dans la fleur de l'âge	she's in the prime of life
il a les yeux à fleur de tête	he has bulging eyes
on vous couvrira de fleurs	you will be lauded to the skies
le **foin**	
faire les foins	to do the hay making
mettre du foin dans ses *bottes*	to feather one's nest
la **fois**	
encore une fois	once more
une fois pour toutes	once and for all
à la fois	at one and the same time
il y avait une fois...; il était une fois...	once upon a time there was...
foncé	
des chemises bleu foncé	dark blue shirts
le **fond**	
au fond de	at the bottom of
je le sais à fond	I know it thoroughly
le fond d'un tableau	the background of a picture
le fond de mon cœur	the depths of my heart
au fond	fundamentally
fondre	
elle fondit en *larmes*	she burst into tears
la neige a fondu	the snow has melted
la **force**	
il est mort dans la force de l'âge	he died in the prime of life
je suis à bout de forces	I'm all in
c'est un tour de force	that is a fine feat (of strength or skill)
la **forme**	
pour la forme	for form's sake
dans les formes	with due decorum

fort

il a trouvé plus fort que lui	he met his match
d'une voix forte	in a loud voice
c'est une tête forte	he has a good head on his shoulders; he is strong-minded
c'est plus fort que moi!	I can't help it!
il s'est fait fort de le faire	he undertook to do it
j'ai fort à faire	I've a great deal to do

fou

je suis fou (folle) de toi	I'm madly in love with you
il gagne un argent fou	he's making pots of money; a mint of money
plus on est de fous plus on rit	the more the merrier

la **fourchette**

c'est une bonne fourchette	he's a great one for his food

frais

je vais prendre le frais	I'm going to take the air
«A mettre au frais»	"To be kept in a cool place"
« Peinture fraîche! »	"Wet paint!"
il fait frais ce matin	it is chilly this morning

frapper

frapper à la porte	to knock on the door
frapper du pied	to stamp one's foot
on frappe	there's a knock

froid

il fait froid	it is cold
j'ai froid aux mains	my hands are cold
il y a du froid entre eux	there is a coolness between them
cela m'a laissé froid	that left me cold

le **front**

et vous avez le front de me dire cela!	you have the nerve to tell me that!
faire front à quelque chose	to face something

frotter

je vous frotterai les oreilles!	I'll warm your ears for you!

fumer

« Défense de fumer »	"No smoking"
il fumait de colère	he was fuming with rage

G

gagner

il gagne à être connu	he improves on acquaintance
c'est autant de gagné	it is so much to the good
il a gagné la course	he won the race
j'ai gagné la frontière	I reached the frontier
elle a gagné tous les cœurs	she won all hearts

le **garçon**

c'est un garçon manqué	she's a tomboy
un vieux garçon	a bachelor
« Garçon! »	"Waiter!"

je suis obligé de garder le lit

garder

garder quelqu'un à vue	to keep a close watch on someone
garder une *poire* pour la soif	to save up for a rainy day
je suis obligé de garder le lit	I am laid up
garder la chambre	to stay in one's room
il faut garder le secret	one must keep the secret

gauche

assis à ma gauche	seated on my left
à gauche	on the left
il est très gauche	he is very clumsy (awkward)

gêner

mes souliers me gênent	my shoes pinch
est-ce que ça vous gêne si...?	does it disturb you if...?

je ne me suis pas gêné pour le lui dire	I didn't scruple to tell him so
le **genou**	
à genoux	kneeling
les **gens**	
de bonnes gens français	good French people
toutes les vieilles gens	all old folk
tous les pauvres gens	all poor people
gentil	
c'est gentil à vous de m'écrire	it is nice of you to write to me
sois gentil(le)	be a good boy (girl)
la **glace**	
rompre la glace	to break the ice (to ease the strain)
se regarder dans la glace	to look at oneself in the mirror
la **goutte**	
je n'y vois goutte	I can make nothing of it
grand	
un homme grand	a tall man
un grand homme	a great man
quand tu seras grand	when you are grown up
les grandes personnes	the grown ups
en grande partie	to a great extent
il fait grand jour	it is broad daylight
il est grand temps de partir	it is high time we were off
gras	
faire gras	to eat meat
Mardi Gras	Shrove Tuesday
faire la grasse matinée	to sleep late
gros	
un gros mot	a coarse expression
jouer gros (jeu)	to play for high stakes
le plus gros est fait	the hardest part of the job is done
la **guerre**	
faire la guerre à (contre) un pays	to wage war on a country

H

une **habitude**

d'habitude	usually; ordinarily
se faire une habitude de...	to make it one's practice to...
comme d'habitude	as usual
je n'en ai plus l'habitude	I'm out of practice
c'est une mauvaise habitude	it's a bad habit

haut

à mer haute	at high water
lire à haute voix	to read aloud
parlez plus haut!	speak up!
comme il est dit plus haut	as aforesaid
haut les mains!	hands up!
les hauts et les bas	the ups and downs of life
il m'a regardé de haut en bas	he looked at me contemptuously
en haut	upstairs

une **heure**

quelle heure est-il?	what is the time?
il est à l'heure	he is punctual
à l'heure qu'il est	by this time
il est arrivé de bonne heure	he arrived early
je l'ai vu tout à l'heure	I saw him just now
à tout à l'heure!	so long! see you later!
à la bonne heure!	well done! good show!

heureux

nous serions heureux que vous *acceptiez*	we should be glad if you would accept
il est heureux au jeu	he is lucky at cards

hier

hier soir	last night
il n'est pas né d'hier	he wasn't born yesterday

une **histoire**

c'est toujours la même histoire	it's the old, old story
tout ça c'est des histoires!	that's all bunkum
en voilà une histoire!	here's a how-do-you do!
elle a fait des histoires	she made a fuss

un **homme**

il n'est pas mon homme	he's not the man for me
il a trouvé son homme	he met his match

un **hôpital**

il prend le chemin de l'hôpital	he's on the road to ruin

huit

huit jours	a week
d'aujourd'hui en huit	today week

il prend le chemin de l'hôpital

I

ici

ici bas	here below; on earth
passez par ici!	step this way!
jusqu'ici	up to now
d'ici à lundi	by Monday
d'ici peu	before long

une **idée**

quelle idée!	the idea of it!
je le vois en idée	I can see it in my mind's eye
j'ai dans l'idée que...	I have a notion that...

une **île**

habiter dans une île	to live on an island

impossible

il m'est impossible de venir	I cannot possibly come
si par impossible il est encore vivant	if, by any remote chance, he is still alive

une **industrie**

vivre d'industrie	to live by one's wits

s'**intéresser**

il s'intéresse à la peinture	he is interested in painting

il s'intéresse à la peinture

J

jamais

à tout jamais	for ever and ever
jamais de la vie!	never! out of the question!
au grand jamais!	never, never!

la **jambe**

courir à toutes jambes	to run as quickly as possible
il a pris ses jambes à son cou	he took to his heels
je ne me sens plus les jambes	I'm tired out

jaune

il a ri jaune	he gave a sickly smile
il voit jaune	he sees everything with a jaundiced eye

jeter

jeter un cri	to utter a cry
il a jeté un regard sur...	he glanced at...
il s'est jeté à bas de son lit	he jumped out of bed
jeter son argent par les fenêtres	to be wildly extravagant

jeter son argent par les fenêtres

le **jeu**

un jeu de mots	a play on words, a pun
il se fait jeu de cela	he makes light of this
ce n'est pas le jeu	that's not fair
vous avez beau jeu	now's your chance
faites vos jeux!	put down your stakes!
les jeux d'intérieur	indoor games
les jeux d'extérieur	outdoor games

jouer

jouer aux cartes	to play cards
jouer au *football*	to play football
jouer du *piano*	to play the piano
jouer une pièce de théâtre	to act a play

le **jour**

il fait jour	it is getting light
il fait grand jour	it is broad daylight
vous êtes dans mon jour	you are standing in my light
le plat du jour	"today's special" (in a restaurant)
de nos jours	nowadays
ils vivent au jour le jour	they live from hand to mouth
du jour au *lendemain*	at a moment's notice

le **journal**

le journal parlé	the news (on the radio)

la **journée**

travailler à la journée	to work by the day
la femme de journée	charwoman, daily help
elle va en journée	she goes out charring
voyager à petites journées	to travel by easy stages

le **juge**

je vous en fais juge	I appeal to you

juger

à en juger par...	judging by...
je l'ai fait au jugé	I did it by guess-work

jupe

il est pendu aux jupes de sa mère	he is tied to his mother's apron-strings

il est pendu aux jupes de sa mère

jusque

ils ont été tués jusqu'au dernier	they were killed to a man
jusqu'ici	till now; as yet
depuis Londres jusqu'à Paris	from London to Paris

juste

rien de plus juste	nothing could be fairer
le mot juste	the exact word
c'est juste	that's right
c'est tout juste s'il ne m'a pas frappé	he all but hit me
je ne sais pas au juste si...	I don't exactly know whether...
elle chante juste	she sings in tune
il est trois heures juste	it is 3 o'clock precisely

K

le **kilo**

dix francs le kilo	ten francs a kilo

L

là

passer par là	go that way
c'est là la question	that is the question
d'ici là	between now and then
qu'entendez-vous par là?	what do you mean by that?
oh là là!	oh dear me!
la bouteille est là-dedans	the bottle is in it, in there
le chien est là-dessous	the dog is under it, under there
le chat est là-dessus	the cat is on it, on there
l'oiseau est là-haut	the bird is up there
la ville est là-bas	the town is over there

laisser

je les ai laissés dire	I let them talk away
il ne faut pas se laisser aller	one must not get into slovenly ways
laissez-moi faire!	leave it to me!
je l'ai laissé là	I left him in the lurch

il ne faut pas se laisser aller

cela laisse (beaucoup) à *désirer*	that leaves much to be desired
laisse-moi tranquille!	leave me in peace!
il a laissé tomber le panier	he dropped the basket
lancer	
lancer un coup d'œil à quelqu'un	to dart a glance at someone
il s'est lancé dans les affaires	he launched out into business
la **langue**	
tirez la langue!	put out your tongue!
c'est une mauvaise langue	he is a backbiter
les langues vivantes	modern languages
il a la langue bien pendue	he has the gift of the gab
il a *avalé* sa langue	the cat has got his tongue (i.e. he refuses to talk)
large	
se promener de long en large	to walk up and down
prendre le large	to put out to sea
au large de Cherbourg	off Cherbourg
laver	
elle s'est lavé les mains	she washed her hands
il m'a lavé la tête	he hauled me over the coals
je me lave les mains de cela	I wash my hands of it
léger	
j'ai le sommeil léger	I am a light sleeper
à la légère	lightly
le **légume**	
un gros légume (also feminine in popular French)	a bigwig
la **lettre**	
écrire en toutes lettres	to write out in full
au pied de la lettre	literally
un homme de lettres	a literary man; a writer
se **lever**	
il s'est levé du pied gauche	he got out of bed the wrong side
le **lever**	
le lever du soleil	sunrise

la **liberté**

vous pouvez parler en toute liberté — you may speak freely

vous prenez des libertés avec moi — you are taking liberties with me

libre

quand je suis libre — when I am off duty, free

je suis libre de mon temps — my time is my own

le **lieu**

en premier lieu — in the first place

avoir lieu — to take place

il y a lieu de supposer que... — there is reason for supposing that...

au lieu de — instead of

la **ligne**

écris-moi deux lignes — drop me a line

hors ligne — out of the common

je pêche à la ligne — I fish with rod and line

les soldats sont en ligne — the soldiers are in line

lire

il a beaucoup lu — he is very well read

lire dans la pensée de quelqu'un — to read someone's thoughts

le **lit**

un lit d'ami — spare bed

prendre le lit — to take to one's bed

la **loi**

il me fait la loi — he lays down the law to me

je me fais une loi de faire cela — I make it a rule to do that

les lois du jeu — the rules of the game

loin

il y a loin de la *coupe* aux lèvres — there's many a slip 'twixt the cup and the lip

de loin — from afar

ce jour est encore loin — that day is still distant

de loin en loin — at long intervals

au loin — in the far distance

long

à la longue — in the long run

cette table a six pieds de long	this table is six feet long
tout le long du jour	all day long
il marchait le long de la rivière	he was walking along the river
il en sait long	he knows a lot about it

longtemps

il y a longtemps qu'il marche	he has been walking for a long time
il y a longtemps	a long while ago

louer

maison à louer	house to let
louer une place d'avance	to reserve a seat

lourd

peser lourd	to weigh heavy
il fait lourd	it is sultry (weather)

la **lune**

il est dans la lune	he is wool-gathering
demander la lune	to ask for the impossible
au clair de lune	in the moonlight

M

maigre, maigrir

un maigre repas	a frugal meal
un jour maigre	a fast-day
servez-moi du maigre!	lean meat only, please!
j'ai maigri de vingt livres	I've lost twenty pounds (weight)

la **main**

ils se sont donné la main	they shook hands
prêter la main à quelqu'un	to lend someone a hand
ils en sont venus aux mains	they came to blows
vous n'y allez pas de main morte!	you don't do things by halves!
à bas les mains!	hands off!
j'ai tout le temps l'argent à la main	I am constantly paying out money
il l'a fait en un tour de main	he did it in a twinkling
il a perdu la main	he is out of practice

c'est un homme à toute main	he is ready to do anything
une lettre écrite à la main	a letter written by hand
il a son métier en main	he knows his job
je n'arrive pas à mettre la main sur mes lunettes	I can't find my glasses
on m'a forcé la main	my hand was forced
maintenant	
à vous maintenant	it's your turn next
mais	
je n'en peux mais	I'm at the end of my tether
la **maison**	
à la maison	at home
vous êtes de la maison	you are one of the family
une maison de commerce	a firm (a business house)
maître	
le maître d'hôtel	the butler; the head waiter
ce travail a été fait de main de maître	this is a masterpiece
le **mal**	
vous faites du mal	you are doing harm
vous me faites mal	you are hurting me
je me suis fait mal	I have hurt myself
je vous veux du mal	I wish you evil
il n'y a pas grand mal!	there's no harm done!
le bien et le mal	good and evil; right and wrong
il ne *songe* pas à mal	he doesn't mean any harm
j'ai eu beaucoup de mal à comprendre ce qu'il disait	I had an awful job to understand what he said
j'ai le mal du pays	I feel homesick
il s'est donné du mal pour le faire	he took great pains to do it
j'ai mal à la tête (à l'*estomac*, à la *gorge*)	I have a headache (stomach-ache, a sore throat)
j'ai mal au cœur	I feel sick
le mal de mer	sea-sickness
mal	
il l'a fait tant bien que mal	he did it after a fashion
je vais mal	I'm ill
pas mal de gens	a good many people

nous ne sommes pas mal ici	we are quite comfortable here
ils sont mal ensemble	they are on bad terms
elle s'est trouvée mal	she fainted
bon *gré*, mal *gré*	willy-nilly

malade

il est tombé malade	he fell ill
j'ai une dent malade	I have an aching tooth

le **malheur**

malheur à vous!	woe betide you!
par malheur	unfortunately
à quelque chose malheur est bon	it's an ill wind that blows nobody good
j'ai eu le malheur de perdre mon père	I had the misfortune to lose my father
un malheur ne vient jamais seul	misfortunes never come singly

malheureux

c'est bien malheureux pour vous	it is hard lines on you
il faut aider les malheureux	one should help the needy
il a la main malheureuse	he is unlucky; he is clumsy with his hands

la **manche**

ça c'est une autre *paire* de manches!	that's quite another matter
nous sommes manche à manche	we are game all (cards)
traverser la Manche	to cross the Channel

manger

j'ai donné à manger aux poules	I fed the chickens
il mange son argent	he squanders his money

manquer

il a manqué de tomber	he nearly fell
il s'en manque de beaucoup	far from it
il ne manquait plus que cela!	that's the last straw
nous manquons de pain	we are short of bread
son cœur lui manqua	his heart failed him
vous me manquez	I miss you
ne manquez pas de m'écrire	don't fail to write to me
il a manqué son train	he missed his train

il a manqué son train

il lui manque un livre	he is missing a book
l'affaire a manqué	the affair misfired
c'est un médecin manqué	he should have been a doctor
le **marché**	
par-dessus le marché	into the bargain
je l'ai acheté bon marché	I bought it cheap
cette viande est bon marché	this meat is cheap
marcher	
je le fais marcher	I order him about; I pull his leg
en avant, marche!	quick march!
le temps marche	time flies
les affaires marchent	business is brisk
est-ce que ça marche?	are you getting along all right?
cette machine ne marche pas	this machine doesn't work
nous marchons un peu tous les matins	we walk a little every morning
(se) **marier**	
il s'est marié avec elle	he married her
le père a marié sa fille	the father gave his daughter in marriage
marmite	
faire bouillir la marmite	to keep the pot boiling
matin	
de grand matin	early in the morning

un de ces (quatre) matins	one of these (fine) days
je me suis levé de très bon matin	I got up very early

mauvais

né sous une mauvaise étoile	born under an unlucky star
c'est une mauvaise langue	he (she) has a venomous tongue
la mer est mauvaise	the sea is rough
je l'ai pris en mauvaise part	I took exception to it
ça sent mauvais	that smells bad (nasty)
c'est mauvais pour la santé	that's bad for the health
le mauvais côté de la rue	the wrong side of the street

méchant

ne faites donc pas le méchant!	don't be nasty!
« Chien méchant! »	"Beware of the dog!"

chien méchant!

meilleur

de meilleure heure	earlier
il fait meilleur	the weather is better
le meilleur est de s'en aller	it is best to go away

(se) **mêler**

il est mêlé à tout	he has a finger in every pie
mêler les cartes	to shuffle the cards
mêlez-vous de vos affaires!	mind your own business!

même

en même temps	at the same time, at once
cela revient au même	it comes to the same thing
c'est cela même	that's the very thing
même si je le savais	even if I knew
tout de même	all the same; for all that
boire à même la bouteille	to drink straight out of the bottle

je suis à même de le faire	I am able to do it; I am in a position to do it
je viendrai quand même	I'll come nevertheless (even so)
merci	
merci!	thank you; no thank you! (when one is offered something)
grand merci!	thank you, NO! (emphatic)
Dieu merci!	thank God!
la **mesure**	
le tailleur prend la mesure de son client	the tailor takes his customer's measurements
dans une certaine mesure	in some degree; to a certain extent
à mesure que je reculais il avançait	(in proportion) as I retreated he advanced
il faut garder la mesure	one must keep within bounds
battre la mesure	to beat time (with a baton)
mesurer	
il me mesurait des yeux	he was eyeing me up and down
le **métier**	
des tours de métier	tricks of the trade
parler métier	to talk shop
quel métier!	what a life!
j'ai mis un livre sur le métier	I have begun to write a book
mettre	
je l'ai mis à la porte	I kicked him out
j'y mettrai tous mes soins	I will give the matter all my attention
j'ai mis deux heures à le faire	I took two hours to do it
elle mit ses bas	she put her stockings on
mettre une machine en mouvement	to set a machine going
mettons que vous ayez raison	suppose you are right
mettez que je n'ai rien dit	consider that unsaid; I take it back
se **mettre**	
se mettre au lit	to go to bed
il se mit à le faire	he began to do it
il était toujours bien mis	he was always well dressed
ils se mirent en route	they started on their way
le temps se met au beau	the weather is turning out fine

midi

il est midi	it is twelve (noon)
avant midi	a.m.
après midi	p.m.
cette fenêtre donne sur le midi	this window faces South
ne cherchez pas midi à quatorze heures	don't look for difficulties where there are none
le Midi (de la France)	the South of France

mieux

ça va mieux	things are improving
il va mieux	he is feeling better
pour mieux dire	to be more exact
ils l'ont fait à qui mieux mieux	they vied with one another in doing it
c'est on ne peut mieux	it couldn't be better
vous serez mieux dans ce fauteuil	you'll be more comfortable in that armchair
le mieux est l'ennemi du bien	leave well alone
faute de mieux	for want of something better
je ne demande pas mieux	I shall be delighted
j'ai fait de mon mieux	I did my best

milieu

au beau milieu de la rue	right in the middle of the street
le juste milieu	the golden mean
il vit dans un milieu agréable	he lives among nice people; he lives in pleasant surroundings

mille

mille hommes	a thousand men
mille un	1001
il a des mille et des cents	he has pots of money
je vous l'ai répété mille fois	I've told you that over and over again

moi

moi, je veux bien	for my part, I am willing
à moi!	help!
de vous à moi	between you and me
ce livre est à moi	this book is mine

moins

en moins de cinq minutes	within five minutes
dix francs de moins	ten francs less

à moins d'avis contraire	unless I hear (you hear, etc.) to the contrary
pas le moins du monde	not in the least
c'est bien le moins qu'il puisse faire	that's the very least he can do
au moins	at least (not less than)
du moins	at least (at all events)
une heure moins dix	ten to one (time)

la **moitié**

couper quelque chose par (la) moitié	to cut something into halves
à moitié mort	half-dead
moitié l'un(e) moitié l'autre	half and half
ma moitié	my wife (my better half)

le **moment**

vous arrivez au bon moment	you've arrived in the nick of time
j'ai répondu sur le moment	I answered on the spur of the moment
à tout moment	constantly
au moment donné	at the appointed time

le **monde**

il est encore de ce monde	he is still alive
pour rien au monde	not for the world; on no account
je suis le mieux du monde avec lui	I am on the best of terms with him
vieux comme le monde	as old as the hills
j'attends du monde	I am expecting company
il y a beaucoup de monde ici	there is a big crowd here
le beau monde	fashionable society
un homme du monde	a man of the world
tout le monde	everyone
l'autre monde	the next world
il connaît son monde	he knows the people he has to deal with
venir au monde	to be born

la **monnaie**

une pièce de monnaie	a coin
je lui ai rendu la monnaie de sa pièce	I paid him back in his own coin
avez-vous la monnaie de ce billet de cent francs?	have you change for this thousand franc note?

monter

monter à cheval	to mount; to ride
monter à bord	to go on board
faire monter les prix	to raise the prices
il est très monté contre vous	he is very angry with you
monter comme une soupe au lait	to flare up, to fly into a rage
il est monté dans le train	he boarded the train
j'ai monté la valise	I took the suitcase up
il a monté l'escalier	he went upstairs
il est monté à l'échelle	he climbed the ladder
êtes-vous montés à la Tour Eiffel?	did you go up the Eiffel Tower?

montrer

je lui ai montré à le faire	I showed him how to do it

se **moquer**

je me moque de vous	I am making fun of you
vous vous moquez!	you must be joking!
c'est se moquer du monde	it is the height of impertinence
je m'en moque!	I couldn't care less!

le **morceau**

il aime les bons morceaux	he likes good things to eat
manger un morceau	to have a snack

mordre

ça mord!	I've got a bite! (fishing)
ils se mordaient les poings d'*impatience*	they were gnawing their fingers with impatience
je m'en mords les doigts	I deeply regret what I have done

la **mort**

se donner la mort	to kill oneself
elle est morte de sa belle mort	she died a natural death

le **mot**

il m'a pris au mot	he took me at my word
je vais lui dire deux mots	I'll have a word with him
écris-moi un mot	drop me a line
un bon mot	a witty remark
il a le mot pour rire	he is fond of a joke

la **mouche**

on aurait entendu une mouche voler	you could have heard a pin drop
prendre la mouche	to take offence
quelle mouche te pique?	what's biting you?

se **moucher**

il ne se mouche pas du pied	he thinks a lot of himself

mouillé

une poule mouillée	a milksop

mourir

mourir de faim	to starve to death
mourir de froid	to freeze to death
il me fera mourir	he'll be the death of me
je meurs d'envie de la voir	I'm dying to see her
le malade se meurt	the patient is dying

le **mouton**

revenons à nos moutons	let's get back to the point
ils jouaient à saute-mouton	they were playing leapfrog

le **moyen**

au moyen de	by means of
y a-t-il moyen de le faire?	is it possible to do it?
il n'y a pas moyen	it can't be done
il vit au-dessus de ses moyens	he lives beyond his means
il faut employer les grands moyens	one must take extreme measures

muet

un sourd-muet	a deaf and dumb person
elle est muette de colère	she is speechless with rage
je suis resté muet	I remained silent

le **mur**

je l'ai mis au pied du mur	I drove him into a corner
c'est donner de la tête contre un mur	it is running your head against a brick wall

N

nager	
nager entre deux eaux	to swim under water; to run with the hare and hunt with the hounds
j'ai traversé la rivière à la nage	I swam across the river
sais-tu nager?	can you swim?
né	
je ne suis pas né d'hier	I wasn't born yesterday
nécessaire	
faire le nécessaire	to play the busybody; to do the needful
la **neige**	
il est tombé de la neige	snow has fallen
neuf	
l'auto est toute neuve	the car is brand new
qu'est-ce qu'il y a de neuf?	what is the news?
habillé de neuf	dressed in new clothes
il est très neuf dans ce métier	he is very new to the job
le **nez**	
il parle du nez	he speaks through his nose
faire un pied de nez à quelqu'un	to make a long nose at someone
nez à nez	face to face
regardez donc quel nez il fait!	look at the face he's pulling!
il m'a ri au nez	he laughed in my face
il met son nez partout	he pokes his nose into everything
ni	
ni moi non plus	neither do I; nor me either
il n'est ni beau ni intelligent	he is neither handsome nor intelligent
noir	
il voit tout en noir	he looks on the dark side of everything
habillé de noir	dressed in black

le **nom**	
un nom de famille	a surname
ça n'a pas de nom!	it's unspeakable!
au nom de la loi	in the name of the law
non	
faire signe que non	to shake one's head
je pense que non	I think not
non loin de la ville	not far from the town
nouveau	
le nouvel an	the new year
de nouveau; à nouveau	anew; afresh
il n'y a rien de nouveau	there's no news
un nouvel habit	a new (another, a different) coat (not necessarily brand new)
jusqu'à nouvel ordre	till further orders
un nouveau-né	a new-born child
la **nouvelle**	
il lit les nouvelles dans le journal	he reads the news in the paper
le **nuage**	
le ciel est couvert de nuages	the sky is overcast
il est dans les nuages	he's up in the clouds
la **nuit**	
cette nuit	tonight; last night
il est parti de nuit	he left by night
je n'ai pas dormi de la nuit	I didn't close my eyes all night
il se fait nuit	the night is falling
à la nuit tombante	at nightfall
le **numéro**	
la chambre numéro 20	room 20

O

obliger

je suis obligé de travailler	I am forced to work
le professeur nous oblige à travailler	the master forces us to work

(s') **occuper**

je m'en occuperai	I shall see to it
cette place est occupée	this seat is taken
je suis très occupé	I'm very busy

un **œil**

fermer les yeux sur...	to turn a blind eye to...
j'ai jeté un coup d'œil sur ce tableau	I glanced at that picture
il a l'œil à tout	he keeps an eye on everything
il est allé au cinéma à l'œil	he went to the cinema free
elle a ouvert de grands yeux quand je suis entré	she looked very astonished when I came in
il avait les yeux *hors* de la tête	his eyes were starting from his head
je l'ai regardé dans le blanc des yeux	I looked him full in the face
cela saute aux yeux	it hits you in the eye
payer les yeux de la tête	to pay an exorbitant price
à vue d'œil	visibly
je vois du même œil que lui	I see eye to eye with him
il me faisait les yeux doux	he was giving me the glad eye

un **œuf**

vous marchez sur des œufs	you are treading on delicate ground
je l'ai tué dans l'œuf	I nipped it in the bud
plein comme un œuf	full up
un œuf à la *coque*	a boiled egg

une **ombre**

vous n'avez pas l'ombre d'une chance	you haven't the ghost of a chance
à l'ombre	in the shade
il n'est plus que l'ombre de lui-même	he's but the shadow of his former self

on

on ne sait jamais	one never can tell
on dit que...	it is said that...
ici on parle français	French is spoken here

il est Français jusqu'au bout des ongles

un **ongle**

il est Français jusqu'au bout des ongles	he is French to his finger-tips

onze

prendre le train onze	to go on Shanks's pony

un **orage**

il fait un orage	there is a thunderstorm

un **ordre**

donner un ordre	to give an order
un homme d'ordre	a methodical man
de premier ordre	first-rate
il a reçu les ordres	he was ordained

une **oreille**

il s'est fait tirer l'oreille	he took a bit of coaxing
vous n'écoutez que d'une oreille	you are only half listening
faire la sourde oreille	to turn a deaf ear
il dort sur les deux oreilles	he sleeps soundly
il n'a pas d'oreille	he has no ear for music
il est un peu dur d'oreille	he is a little hard of hearing

un **os**

aux tard venus les os	it's the early bird that catches the worm
ils sont rentrés mouillés jusqu'aux os	they came home soaked to the skin

où

où en êtes-vous?	how far have you got with it?
d'où vient que...?	how does it happen that...
partout où il va	wherever he goes
n'*importe* où	anywhere at all
où que vous soyez	wherever you may be
la maison où j'habite	the house in which I live

oui

faire *signe* que oui	to nod assent

ouvrir

ouvrez-lui!	let him in!
s'ouvrir un chemin à *travers* la foule	to push one's way through the crowd
ouvrir boutique	to set up shop
cette porte ouvre sur la rue	this door gives onto the street
ce magasin ouvre de bonne heure	this shop opens early
il m'a reçu à bras ouverts	he received me with open arms

P

la **page**

nous sommes à la page	we are up to date; we are in the swing

la **paille**

c'est un feu de paille	it is a flash in the pan
nous sommes sur la paille	we are on our beam ends
tirer la courte paille	to draw lots

le **pain**

bon comme le pain	as good as gold
il ne vaut pas le pain qu'il mange	he isn't worth his salt
un petit pain	a roll (of bread)

la **paix**

laissez-moi en paix!	leave me alone!

papier

je suis bien dans ses papiers	I'm in his good books
du papier à lettres	writing paper

le **paquet**

je lui ai donné son paquet	I gave him the sack

par

regarder par la fenêtre	to look out of the window
par mer et par terre	by land and sea
par tout le pays	all over the country
venez par ici	come this way
par un jour d'hiver	on a winter's day
par le froid qu'il fait	in this cold weather
par la poste	by post
trois fois par jour	three times a day

paraître

le jour paraît	the day is dawning
à ce qu'il paraît	as it would appear
vous paraissez fatigué	you look tired

pardon

je vous demande pardon	I beg your pardon

pareil

en pareil *cas*	in such cases
je lui ai rendu la pareille	I gave him tit for tat

le **parent**

il a déjeuné chez un parent	he lunched with a relative
il a déjeuné chez ses parents	he lunched with his parents

parler

il parle pour ne rien dire	he talks through his hat
je sais ce que parler veut dire	I can take a hint
voilà ce qui s'appelle parler!	now you're talking!
cela ne vaut pas la peine d'en parler	it isn't worth mentioning
j'ai entendu parler de cela	I have heard of that
on ne parle que de cela	it is the talk of the town
il est bon de parler et meilleur de se taire	speech is silver and silence is golden
tu parles!	you're telling me!

part

voici ta part	here is your share

pour ma part	as for me
il l'a pris en bonne part	he took it in good part
nulle part	nowhere
autre part	somewhere else
dites-lui de ma part	tell him from me
je ne connais pas cette famille, à part les deux fils	I don't know that family, apart from the two sons
mettre de l'argent à part	to put money by
partager	
je partage vos idées	I agree with your views
une **partie**	
en grande partie	to a great extent
ils font une partie de cartes	they are having a game of cards
en partie	partly
voulez-vous être de la partie?	will you join us? (in a party, etc.)
partir	
ce train part pour Paris	this train is leaving for Paris
à partir d'aujourd'hui	from today
partout	
quatre jeux partout	four all (tennis)
le **pas**	
il marche d'un pas lent	he walks at a slow pace
j'y vais de ce pas	I'm going at once
marcher à grands pas	to stride along
je n'ai pas fait un pas dehors	I haven't set foot out of doors
il n'y a que le premier pas qui coûte	only the beginning is difficult
il a fait un faux pas	he slipped; he dropped a brick
au pas	at a walking pace
il a sauté le pas	he took the plunge
Le Pas de Calais	the Straits of Dover
pas	
nous marchons peu ou pas	we walk little or not at all
il connaît Paris mieux que pas un	he knows Paris better than anyone
pas du tout	not at all

passer

il passe devant la maison	he passes the house
je ne peux pas passer	I can't get by
je l'ai dit en passant	I mentioned it casually
nous sommes passés chez elle	we called on her
il a dû en passer par là	he had to put up with it
comme le temps passe (vite)!	how quickly the time passes!
faire passer le temps	to pass the time
cela ne passe pas	that won't do
enfin, passe pour lui!	well, that's all right as far as he is concerned
passez-moi le pain, s'il vous plaît	pass me the bread, please
passer un examen	to take an exam
il passe pour être très intelligent	he is said to be very intelligent

la **pâte**

c'est une bonne pâte d'homme	he's a good sort

la **patte**

il marchait à quatre pattes	he was going on all fours
je suis tombé sous la patte de mon ennemi	I fell into my enemy's clutches

pauvre

un homme pauvre	a poor man (without money)
le pauvre homme!	unhappy (wretched) man! poor fellow!

payer

j'ai payé la bouteille au garçon	I paid the waiter for the bottle
j'ai payé un dîner à mon ami	I stood my friend a dinner
je me suis payé une glace	I treated myself to an ice
il s'est payé votre tête	he took the Micky out of you
cela ne se paie pas	money can't buy it
vous me le payerez!	you'll smart for this!

le **pays**

j'ai le mal du pays	I am homesick
un pays perdu	an out-of-the-way place

la **peau**

il a sauvé sa peau	he saved his bacon
je t'ai dans la peau	I've got you under my skin

pêcher

il a pêché beaucoup de poissons	he caught a lot of fish
où avez-vous pêché cela?	where did you get hold of that?

peindre

elle est à peindre	she is a perfect picture

la **peinture**

il fait de la peinture	he paints (pictures)
«Peinture fraîche!»	wet paint!

la **peine**

vous m'avez fait de la peine	you distressed me
je suis en peine de lui	I am uneasy about him
donnez-vous la peine de vous asseoir	please take a seat
ce n'est pas la peine	it is not worth while
ils ont de la peine à monter cette armoire	they are having a job carrying this cupboard upstairs

la **pelle**

il a ramassé une pelle	he came a cropper

pencher

« Ne pas se pencher au dehors »	"Don't lean out of the window"

ne pas se pencher au dehors

penser

je pense à toi quand tu n'es pas avec moi	I think of you when you are not with me
je pense beaucoup de bien de toi	I have a very high opinion of you

pensez à cela	think about that
que pensez-vous de cela?	what is your opinion of that?
je l'ai fait sans y penser	I did it without thinking
vous n'y pensez pas!	you don't mean it!
rien que d'y penser	the mere thought of it
pensez donc!	just fancy!
(y) pensez-vous!	what an idea!
je pense le voir demain	I expect to see him tomorrow
j'ai pensé mourir de rire	I nearly died laughing

perdre

vous perdez votre temps	you are wasting your time
vous n'y perdrez pas	you won't lose by it
il n'y a pas de temps à perdre	there's no time to lose
à mes heures perdues	in my spare time
il s'est jeté à corps perdu dans la *foule*	he plunged recklessly into the crowd

permettre

permettez!	excuse me!; allow me!
son père lui a permis d'aller à bicyclette	his father allowed him to cycle

personne

les grandes personnes	the grown-ups
en personne	in person; personally
elle est bien faite de sa personne	she is a fine figure of a woman
il travaille plus fort que personne	he works harder than anyone
personne n'est arrivé	no-one has arrived
je ne vois personne	I see no-one
sans nommer personne	without mentioning any names

elle est bien faite de sa personne

quand tout le monde est quelque chose personne n'est rien	when everyone is somebody then no-one's anybody
Qui est là? – Personne	Who is there? – No-one

peser

le temps lui pèse	time hangs heavy on his hands
peser sur un mot	to lay stress on a word
cela vaut son *pesant* d'or	that's worth its weight in gold
tout bien pesé	all things considered
combien pesez-vous?	what do you weigh?

petit

les petits des animaux	the young of animals
les petits Dupont	the Dupont children
petit à petit l'oiseau fait son *nid*	Rome wasn't built in a day

peu (- un peu)

peu de gens	few people
un peu de pain	a little bread
ce n'est pas peu dire	that's saying a good deal
pour si peu de chose	for so small a matter
peu d'entre eux	few of them
ça, c'est un peu fort!	that's rather too much of a good thing
peu intéressant, peu intelligent, etc.	uninteresting, unintelligent, etc.
peu après	shortly afterwards
depuis peu	lately
sous peu	before long
mon travail est à peu près fini	my work is nearly finished

la **peur**

n'ayez pas peur!	don't be afraid
j'ai peur qu'il ne soit en retard	I fear he may be late
il a une peur bleue	he's in a blue funk
elle est laide à faire peur	she is frightfully ugly
le tonnerre lui fait peur	thunder frightens him

peut-être

il s'est peut-être trompé	perhaps he is mistaken
peut-être que oui	perhaps so

la **pièce**

ils coûtent cent francs pièce	they cost a hundred francs apiece
mettre une pièce à un vêtement	to patch a garment
une pièce d'eau	a sheet of water
une pièce de cinq francs	a five-franc coin
un appartement de trois pièces	a three-room flat

le **pied**

frapper du pied	to stamp one's foot
mettre pied à terre	to dismount; to alight; to disembark
il a bon pied, bon œil	he is hale and hearty
aller à pied	to walk (to go on foot)
le pied me manqua	I lost my footing
je suis sur pied	I am up (in the morning); I am standing
je ne sais sur quel pied danser	I don't know which way to turn
je n'ai pas pied ici	I am out of my depth here
il l'a pris au pied de la lettre	he took it in a literal sense
un pied-à-terre	a week-end cottage, flat, etc.

la **pierre**

il a une pierre à la place du cœur	he has a heart of stone
c'est une pierre dans votre jardin	that's a dig at you
faire d'une pierre deux coups	to kill two birds with one stone

piquer

je l'ai piqué au vif	I cut him to the quick
il a piqué une tête	he took a header
le médecin m'a fait une piqûre	the doctor gave me an injection
je viens d'être piqué par un moustique	I have just been bitten by a mosquito
il a du savon dans l'œil, ça pique	he has got soap in his eye, it smarts

la **place**

il ne peut pas rester en place	he can't keep still
à votre place	if I were you
faites place!	make way! stand aside!

plaire	
cette maison lui plaît	he likes this house
s'il vous plaît	(if you) please
plaît-il?	I beg your pardon? what did you say?
à Dieu ne plaise!	God forbid!
plût au Ciel!	would to Heaven!
le **plaisir**	
ça me ferait plaisir	I would like that
au plaisir de vous revoir!	good-bye! I look forward to seeing you again!
à votre bon plaisir	at your convenience
planter	
vous m'avez planté là	you left me in the lurch
plat	
tomber à plat ventre	to fall flat on one's face
le **plat**	
nous avons mangé un bon plat de légumes	we ate a good dish of vegetables
un dîner à trois plats	a three-course dinner
il a mis les pieds dans le plat	he put his foot in it
plein	
en plein visage	full in the face
en plein air	in the open
en plein hiver	in the depth of winter
faire le plein d'essence	to fill up with petrol
la lune est dans son plein	it is a full moon
la saison bat son plein	the season is in full swing
en plein dans le centre	bang in the middle
en pleine mer	on the open sea
il a de l'argent plein les poches	his pockets are well lined
pleuvoir	
les coups pleuvaient sur lui	blows rained down upon him
il pleut à petites gouttes	it is drizzling
il pleut très fort	it is raining hard
la **pluie**	
le temps est à la pluie	it looks like rain
parler de la pluie et du beau temps	to talk about nothing in particular
après la pluie le beau temps	every cloud has a silver lining

il fait la pluie et le beau temps	he rules the roost

plus

plus de dix hommes	more than ten men
j'ai mangé plus qu'un lion	I've eaten more than a lion
c'est tout ce qu'il y a de plus simple	it's as easy as pie
rien de plus, merci	nothing more, thank you
de plus en plus	more and more
en plus	in addition; into the bargain
le vin est en plus	wine is extra
tout au plus	at the very most
il n'est plus ici	he is no longer here
il a dix ans de plus que moi	he is ten years older than me

plutôt

il faisait plutôt froid	it was rather cold

la **poche**

j'y suis de ma poche	I'm out of pocket over it
mettez ça dans votre poche (et votre mouchoir dessus)	put that in your pipe and smoke it
je le connais comme le fond de ma poche	I know all there is to know about it
il n'a pas sa langue dans sa poche	he has plenty to say for himself
il ne faut jamais acheter chat en poche	never buy a pig in a poke

le **poids**

vendre au poids	to sell by weight
c'est un homme d'un grand poids	he is a very important man
avoir deux poids et deux mesures	to have one law for the rich and another for the poor

le **point**

le point du jour	daybreak
il est arrivé à point nommé	he arrived in the nick of time
tout vient à point à qui sait attendre	everything comes to him who waits
en bon point	in good condition
mon point de vue	my point of view
je suis sur le point de faire cela	I am about to do that
son maître est content de lui au point de vue de son travail	his master is pleased with him as far as his work is concerned

mettre les points sur les i	to speak plainly

le **poisson**

faire un poisson d'avril à quelqu'un	to make an April-fool of someone
il est comme un poisson sur la paille	he is like a fish out of water
il ne faut pas apprendre aux poissons à nager	don't teach your grandmother to suck eggs
donner un petit poisson pour en avoir un gros	to throw out a sprat to catch a mackerel

le **port**

nous sommes arrivés à bon port	we arrived safely
un port de guerre	a naval base
le bateau entre au port	the ship enters port

la **porte**

écouter aux portes	to eavesdrop
on l'a jeté à la porte	they kicked him out
nous demeurons porte à porte	we live next door to each other
il m'a refusé la porte	he wouldn't let me in

le **portefeuille**

un lit en portefeuille	an apple-pie bed

porter

il porta le verre à ses lèvres	he lifted the glass to his lips
il m'a porté un coup	he struck at me
la nuit porte conseil	sleep on it
sa voix porte bien	his voice carries well
elle est bien (mal) portante depuis quelques jours	she has been well (ill) for some days

possible

c'est bien possible	it is quite likely
pas possible!	you don't say so!
je ferai mon possible	I will do my utmost

le **poste**

le poste de police	the police-station
il m'a conduit au poste	he ran me in

la **poste**

mettre une lettre à la poste	to post a letter
le bureau de poste	the post office

pot	
payer les pots cassés	to pay for the damage
dîner à la *fortune* du pot	to take pot-luck
tourner autour du pot	to beat about the bush
la **poule**	
quand les poules auront des dents	when pigs can fly
pour	
ils m'ont laissé pour mort	they left me for dead
j'en ai pour huit jours	it will take me a week
il sera ici pour quatre heures	he'll be here by 4 o'clock
je suis ici pour affaires	I am here on business
moi, je suis pour	I'm in favour of it
dix pour cent	ten per cent
peser le pour et le contre	to weigh the pros and cons
pourquoi	
pourquoi faire?	what for?
pourquoi cela?	why so?
mais pourquoi donc?	what on earth for?
pousser	
pousser à la roue	to put one's shoulder to the wheel
laisser pousser sa barbe	to grow a beard
il a poussé un cri	he let out a cry
il a poussé son frère à choisir ce métier	he persuaded his brother to choose this profession (trade)
l'herbe pousse vite	grass grows quickly
pouvoir	
on n'y peut rien	it can't be helped
il travaille on ne peut mieux	he works superlatively well
je n'en peux plus	I am exhausted
sauve qui peut!	every man for himself!
il pouvait avoir dix ans	he may have been ten
advienne que pourra!	come what may!
il se peut qu'il vienne	he may possibly come
il n'est pas en mon pouvoir de...	it isn't within my power to...
je vous aiderai de tout mon pouvoir	I will do all I possibly can to help you
premier	
du premier coup	at the first attempt

la première vitesse	bottom gear (car)
il demeure au premier	he lives on the first floor
la classe de première	the sixth form
je suis allé à la première de cette nouvelle pièce	I went to the first night of this new play
donnez-moi deux premières pour Lyon	give me two first-class tickets to Lyons

prendre

je l'ai pris sur la table	I took it off the table
j'ai pris ce livre à mon ami	I took this book away from my friend
c'est à prendre ou à laisser	take it or leave it
à tout prendre	on the whole
que je vous y prenne!	let me catch you at it!
je passerai vous prendre à votre hôtel	I'll call for you at your hotel
la rivière est prise	the river has frozen over
prendre quelqu'un pour exemple	to take someone as an example
bien lui en prit	it was lucky for him that he did
je l'ai pris pour son frère	I mistook him for his brother
il a pris un bain	he had a bath
vous prenez du poids	you are putting on weight
prendre le train	to take the train
prenez à gauche!	bear left
le bateau a pris le large	the boat took to the open sea
le feu a pris	the fire has caught
ça ne prend pas!	it won't wash!
je vais prendre l'air	I'm going out for a breath of fresh air
cet arbre prend bien	this tree has taken root
il faut s'en prendre au maître	the master is to blame

préparer

préparer un *examen*	to prepare for an exam

près (adv.); **près de** (prep.)

à cela près	with that exception
à peu près	nearly; about
tirer de près	to fire at close range
il était assis tout près du feu	he was sitting close to the fire
Versailles est près de Paris	Versailles is near Paris

présenter

si l'occasion se présente	if the opportunity arises

presque

presque jamais	hardly ever

presser

je l'ai pressé de questions	I plied him with questions
il faut presser le pas	you must hurry on
qu'est-ce qui vous presse?	why are you in such a hurry?
je suis très pressé	I am in a great hurry
il n'y a rien qui presse	there is no hurry
presser un *citron*	to squeeze a lemon

prêter

prêtez attention!	pay attention!
c'est un prêté pour un rendu	it is tit for tat

le **printemps**

les fleurs poussent au printemps	the flowers grow in the Spring
une *hirondelle* ne fait pas le printemps	one swallow doesn't make a Summer

le **prix**

je le ferai à prix d'argent	I'll do it for money
ses tableaux se vendent à prix d'*or*	his pictures fetch a hugh sum of money
à *aucun* prix	not at any price
c'est *hors* de prix	the price is prohibitive
cela n'a pas de prix	that is priceless
on lui a donné un prix	he was given a prize

prochain

l'année prochaine	next year
la prochaine année de sa vie	the next year of his life
il faut aimer son prochain	love thy neighbour

profond

au plus profond de mon cœur	in the depths of my heart
cette rivière est très profonde	this river is very deep
cette rivière est peu profonde	this river is shallow

le **progrès**

vous avez fait des progrès	you have progressed; you are coming on

(se) **promener**

il m'a envoyé promener	he sent me packing
elle promène son chien	she takes her dog for a walk
elle se promène	she goes for a walk (for an outing)
allez vous promener!	get away with you!

promettre

le médecin lui a promis de le guérir	the doctor promised to cure him
j'ai promis un livre à mon fils	I promised my son a book

propre

ses idées lui sont propres	his ideas are his own
propre à tout	fit for anything
nous voilà propres!	we are in a nice mess!
de mes propres mains	with my own hands

la **provision**

aller aux provisions	to go shopping
j'ai une provision de papier	I have a supply of paper
un chèque sans provision	a dud cheque

le **public**

le grand public	the general public
se promener dans le jardin public	to take a walk in the park

puis

et puis après?	what then?

Q

le **quai**

le bateau est à quai	the boat is alongside the quay
le train est à quai	the train is in
sur les quais de la Seine	on the Seine embankment

quand

quand vous me le diriez cent fois je ne vous croirais pas	even if you told me so a hundred times I wouldn't believe you

quand même

je le ferai quand même	I'll do it all the same
quand-même!	all the same! after all!; I mean to say!

le **quart**

dans un petit quart d'heure	in a few minutes
j'ai passé un mauvais quart d'heure	I had a trying moment

quartier

de quel quartier vient le vent?	from what quarter is the wind blowing?
nous habitons le même quartier	we live in the same district of the town

quatre

il se mettrait en quatre pour vous	he would do anything for you
il n'y va pas par quatre chemins	he doesn't beat about the bush
il demeure à quatre pas d'ici	he lives close by

que

c'est une belle maison que la vôtre	yours is a fine house
les jours qu'il fait chaud	the days when it is warm
qu'est-il arrivé?	what has happened?
qu'elle entre!	let her come in!
qu'il pleuve ou qu'il vente	whether it rains or is windy
que vous êtcs jolic!	how pretty you are!
elle n'a que trois francs	she has only got three francs

quel

quelle heure est-il?	what is the time?
quel est ce livre?	what is this book?
quels sont ces messieurs?	who are these gentlemen?
quel homme!	what a man!
quelles que soient ses fautes	whatever his faults may be

quelque

les quelque mille francs qu'il m'a prêtés	the thousand francs or so that he lent me
il y a quelques jours	a few days ago
quelque dix ans	some ten years
quelque grandes que soient ses fautes	however great his faults may be

sous quelque *prétexte* que ce soit — under any pretext whatsoever

quelque chose
quelque chose de bon (mauvais, nouveau) — something good (bad, new)
quelque chose d'autre — something else

quelqu'un
quelques-un(e)s d'entre nous — a few of us
quelqu'un! — shop!
quelqu'un(e) d'autre — someone else

la **question**
vous sortez de la question — you are wandering from the point
mettre quelque chose en question — to question something
poser une question — to ask a question
je réponds à une question — I answer a question
la personne en question voudrait vous connaître — the person in question would like to know you

la **queue**
faire la queue — to queue up
mettez-vous à la queue — join the queue
je suis à la queue de la classe — I am at the bottom of the class

qui
l'homme à qui je pensais — the man I was thinking of
à qui est ce livre? — to whom does this book belong?

quinze
quinze jours — a fortnight
une quinzaine — about fifteen; a fortnight

j'ai quitté la partie

quitter

j'ai quitté la partie	I threw up the sponge
il a quitté ses habits	he took off his clothes
ne quittez pas!	hold the line! (telephone)

quoi

c'est en quoi vous vous trompez	that's where you are wrong
à quoi penses-tu?	what are you thinking of
il a de quoi vivre	he has enough to live on
Pardon! – Il n'y a pas de quoi	Excuse me! – Please don't mention it
quoi! vous n'êtes pas parti?	what! you haven't left yet?
il a bu une tasse de café après quoi il est sorti	he drank a cup of coffee after which he went out
quoi qu'il en soit	be that as it may
quoi que ce soit	anything (whatever)
un je ne sais quoi	an indescribable something
en quoi est la table?	what is the table made of?

R

raconter

raconter des histoires	to relate stories
il m'a raconté son voyage	he told me about his journey

la **radio**

à la radio	on the radio
on lui a fait une radio	they took an X-ray of him

la **raison**

pas tant de raisons!	don't argue so much!
raison de plus	all the more reason
c'est ma raison d'être	that is my justification for living
il parle raison	he talks sense
j'ai raison	I am right
à raison de...	at the rate of...
la raison du plus fort est toujours la meilleure	might is right
je suis resté chez moi en raison du mauvais temps	I stayed at home on account of the bad weather

ranger

j'ai rangé mes livres	I put away (tidied) my books
sa chambre est toujours mal rangée	his room is always untidy

(se) **rappeler**

je me rappelle cela	I remember that
rappelez-moi à son bon souvenir	remember me kindly to him
vous me rappelez mon oncle	you remind me of my uncle

(se) **raser**

il se rase avec un rasoir électrique	he shaves with an electric razor
je me suis rasé tout le temps	I was thoroughly bored all the time
c'est rasant!	it's boring!
raser la côte (le mur)	to hug the coast (the wall)
on a rasé des maisons	they demolished some houses
l'avion a rasé le sol	the plane skimmed over the ground
la balle lui rasa l'épaule	the bullet grazed his shoulder

recevoir

elle ne reçoit pas aujourd'hui	she's not at home to-day
être reçu à un examen	to pass an exam
il a été reçu médecin	he qualified as a doctor
votre père m'a très bien reçu	your father made me very welcome

récolter

on récolte ce qu'on a semé	as you sow so shall you reap

recommencer

le voilà qui recommence!	he's at it again!
c'est toujours à recommencer	there's no end to it
ne recommencez pas!	don't do it again!

reconnaître

je reconnais que je me trompais	I admit I was mistaken
on a envoyé des soldats reconnaître le village	they sent soldiers to reconnoitre the village

reculer

l'auto recule	the car is backing

il n'y a plus moyen de reculer	there is no going back
il ne recule devant rien	he shrinks from nothing
il a reculé sa chaise	he moved his chair back
reculer pour mieux sauter	to step back in order to have a better take-off; to procrastinate

le **regard**

il la cherchait du regard	he was looking around for her
il n'a pas jeté un regard sur moi	he didn't (even) glance at me

regarder

je n'y regarde pas de si près	I am not so very particular
cela me regarde	that's my business
regarder à la fenêtre	to look in at the window
regardez par la fenêtre	to look out of the window
regarde-moi ça!	just look at that!

la **religion**

il a de la religion	he is religious

remonter

remonter à cheval	to remount one's horse
remonter la rue	to go up the street
remonter la rivière	to sail up the river
remonter une montre	to wind up a watch
cela a remonté le courage de nos soldats	that revived our soldiers' courage

remplacer

j'ai remplacé ma vieille montre par une montre neuve	I replaced my old watch by a new one
j'ai remplacé mon ami pendant sa maladie	I stood in for my friend during his illness

remplir

remplir une place	to fill a situation (post)
il remplit tous ses devoirs	he fulfils all his duties

remuer

remuer la tête	to move one's head
cet enfant remue tout le temps	this child is always fidgeting

rencontrer

je l'ai rencontré dans la rue	I met him (by chance) in the street
rencontrer l'ennemi	to encounter the enemy
vous avez rencontré juste	you guessed right

rendre

je le lui rendrai!	I'll get even with him!
rendre la justice	to administer justice
cela me rend très heureux	that makes me very happy
je me suis rendu à la ville	I went to the town
rendre service à quelqu'un	to do someone a service (a favour)
rendez-le-moi!	give it me back!
un prêté pour un rendu	tit for tat
nous sommes rendus	we are exhausted

rentrer

elle est rentrée	she went home
les jambes me rentrent dans le corps	I am too tired to stand
rentrer la récolte	to gather in the harvest
les élèves sont rentrés en classe	the pupils have gone back to school
il a rentré la voiture dans le garage	he put the car away in the garage

répéter

je ne me le ferai pas répéter	I shall not require to be told twice
répéter une pièce	to rehearse a play

répondre

répondez à ma question!	answer my question!
Répondez s'il vous plaît	R.S.V.P.

reprendre

il a repris sa place	he resumed his seat
le bateau a repris la mer	the boat put out to sea again
les affaires reprennent	business is looking up again
il a repris des forces	he regained strength

respirer

laissez-moi respirer!	give me time to breathe!
il respire la santé	he is the picture of health

ressembler

il ressemble à son père	he is like his father
cette photo est très ressemblante	this photo is a good likeness
qui se ressemble s'*assemble*	birds of a feather flock together
cela ne vous ressemble pas du tout	it isn't a bit like you (to do (say) that)

le **reste**

il a pris le reste du gâteau	he took the rest of the cake
nous sommes en reste	we are behindhand
au reste	besides
du reste	moreover

rester

il en reste quatre	there are four left
(il) reste à savoir	it remains to be seen
il faut en rester là	we must stop at that point
restez tranquille!	keep still!
il est resté mon ami	he remained my friend

retard

le train a du retard	the train is late
votre montre a dix minutes de retard	your watch is ten minutes slow
je suis arrivé en retard	I arrived late

retarder

retarder une montre	to put a watch back
il a retardé son départ de deux jours	he delayed his departure by two days

retourner

il m'a retourné ma montre	he returned my watch to me
cela m'a retourné les sangs	it gave me quite a turn
il a retourné sa veste	he has completely changed his ideas

retourner

il s'est retourné pour voir	he turned round to have a look
je n'ai pas eu le temps de me retourner	I haven't had time to look round

retrouver

nous nous retrouverons à la gare	we will meet at the station

réussir

cela lui a mal réussi	it turned out badly for him
il a réussi dans ses affaires	he has done well in business
la pièce a réussi	the play is a success
il a réussi à payer ce qu'il devait	he managed to pay what he owed
Jean a réussi son devoir	John did his homework well

(se) **réveiller**

elle a réveillé son mari	she woke up her husband
son mari s'est réveillé	her husband woke up

revenir

revenir sur ses pas	to retrace one's steps
il est revenu sur sa *promesse*	he went back on his promise
son visage me revient	I am beginning to remember his face
son visage ne me revient pas	I don't like his looks
je n'en reviens pas!	I can't get over it!
il est revenu à lui	he recovered consciousness
cela revient au même	it comes to the same thing

le **rêve**

faire un rêve	to dream a dream
c'est le rêve!	it is ideal!

rêver

rêver de quelque chose	to dream about something
rêver à quelque chose	to ponder over something

revoir

au revoir	good-bye

rien

il n'y a rien à faire	there is nothing to be done
cela ne fait rien	that doesn't matter
comme si de rien n'était	as if nothing had happened
il n'en est rien!	nothing of the kind!
de rien!	please don't mention it!
en moins de rien	in less than no time
on ne peut pas vivre de rien	you can't live on nothing

rire

il se tenait les côtes de rire	he was shaking with laughter
il n'y a pas de quoi rire	it is no laughing matter
il riait de moi	he was laughing at me

vous voulez rire!	you're joking!
il l'a dit pour rire	he said it for fun
une campagne riante	a pleasant bit of country
rira bien qui rira le dernier	he who laughs last laughs loudest
un journal pour rire	a comic paper
je n'ai pas le cœur à rire	I'm in no mood for laughing
il rit dans sa barbe	he laughs up his sleeve
il rit jaune	he gave a sickly smile
la **robe**	
une robe de chambre	a dressing gown
le **robinet**	
il a ouvert (fermé) le robinet	he turned the tap on (off)
la **rose**	
il voit la vie en rose	he looks at life through rose-coloured spectacles
rouler	
cette auto roule bien	this car goes well
rouler par le monde	to knock about the world
ce marchand a roulé ses clients	this dealer tricked his customers
il roule sur l'*or*	he is rolling in money
la **route**	
la grande route	the main road
se mettre en route	to set out
en route!	let's be off!
ce magasin est sur votre route	that shop is on your way
la **rue**	
la grand' rue	the high street
c'est vieux comme les rues	it is as old as the hills
cette nouvelle court les rues	this news is the talk of the town

S

le **sac**

un homme de sac et de corde	an out-and-out scoundrel
vider son sac	to get something off one's chest
l'affaire est dans le sac	it's as good as settled; it's in the bag!

la **saison**

la saison bat son plein	it is the height of the season
de saison	in season

saluer

saluer quelqu'un de la main	to wave to someone
saluer quelqu'un d'un coup de chapeau	to take off one's hat to someone
saluez-le de ma part	give him my kind regards

le **sang**

il se fait du mauvais sang	he is worrying
un cheval *pur* sang	a thoroughbred horse
son propre sang	one's own flesh and blood
il a gardé son sang-froid	he kept calm

sans

cela va sans dire	that goes without saying
sans doute	doubtless

la **santé**

il respire la santé	he is the picture of health
à votre santé!	your health! cheers! (drinking)

sauter

sauter au cou de quelqu'un	to fling one's arms round someone's neck
il a sauté au plafond	he jumped out of his skin
il a sauté le mur	he jumped over the wall
l'ennemi a fait sauter le pont	the enemy blew up the bridge
cela saute aux yeux	it hits you in the eye
il a sauté un mot	he skipped a word (i.e. left out a word)

se **sauver**

le voleur s'est sauvé	the thief ran away

savoir

il en sait plus d'une	he knows a thing or two
vous en savez plus long que moi	you know more about it than I do
sans le savoir	unconsciously
pas que je sache	not that I'm aware of
je vous savais à Paris	I knew you were in Paris
nous ne savons que faire	we are at a loss what to do
c'est à savoir	that remains to be seen
savez-vous nager?	can you swim?
je ne saurais vous le dire	I couldn't tell you

le **savon**

il a reçu un savon	they gave him a rocket

se

ça ne se dit pas en *anglais*	that is not said in English
ça ne se mange pas en France	that is not eaten in France
ça se vend partout	that is sold everywhere

je suis à sec

sec

il a parlé sec	he didn't mince his words
un merci tout sec	a bare thank you
le puits est à sec	the well has dried up
je suis à sec	I am broke
il boit sec	he drinks his wine (spirits) neat; he drinks hard
mine sèche	sour face

la **semaine**

faire la semaine *anglaise*	to have the Saturday off

sembler

à ce qu'il me semble	as it strikes me
faites comme bon vous semble(ra)	do as you think fit

que vous en semble?	what do you think of it?
le **sens**	
il a perdu ses sens	he lost consciousness
à mon sens	in my opinion
parler dans le même sens	to express oneself to the same effect
il a du bon sens	he has a lot of common sense
ils sont partis dans tous les sens	they went off in all directions
tout était sens dessus dessous	everything was topsy turvy
quel est le sens de ce mot?	what is the meaning of this word?
ces voitures vont en sens contraire	these cars are going in opposite directions
« Sens *interdit* »	"No entry"
sentir	
je sens quelque chose pour elle	I feel drawn towards her
je ne peux pas le sentir	I can't stand him
ça sent bon (mauvais)	that smells good (bad)
cela sent le brûlé	there's a smell of burning
je sens les fleurs	I smell the flowers
je ne sens rien	I can smell nothing; I can feel nothing
sérieux	
il ne sait pas garder son sérieux	he can't keep a straight face
êtes-vous sérieux?	do you mean it?
serrer	
je lui ai serré la main	I shook hands with him
ces vêtements me serrent	these clothes are too tight for me
cela me serre le cœur	it wrings my heart
j'ai le cœur serré	I am sad at heart
il lui a serré le cou	he strangled him
serrer les dents	to clench one's teeth
le **service**	
à votre service	at your service
le premier service	first lunch (dinner) on a boat or train
il m'a rendu de grands services	he was very useful to me

servir	
cela ne sert à rien de pleurer	it is no use crying
à quoi cela sert-il?	what is the use of that?
cela ne servira pas à grand chose	that won't be much use
elle lui a servi de mère	she was a mother to him
madame est servie!	dinner is served, madam!
il sert dans l'armée	he is doing service in the army
se **servir**	
il se sert de sa main gauche pour écrire	he uses his left hand to write with
vous servez-vous de votre crayon?	are you using your pencil?
elle se sert chez Legros	she buys her provisions at Legros' shop
il s'est servi de légumes	he helped himself to vegetables
servez-vous!	help yourself!
seul	
pas un seul	not a single one
je l'ai fait tout seul	I did it by myself
seulement	
si seulement il m'avait regardé	if only he had looked at me
il n'a pas seulement ouvert la bouche	he didn't even open his mouth
si	
je me demande si c'est vrai	I wonder whether it is true
vous savez si je vous aime	you know how I love you
et si elle l'apprend?	and what if she hears of it?
Il n'est pas parti? – Si	He hasn't gone? – Yes, he has
le **silence**	
on fait silence	they stop talking
il a gardé le silence	he remained silent
il a passé sous silence ce qu'il avait fait	he remained silent about what he had done
simple	
un simple soldat	a private (soldier)
une feuille simple	a single (as opposed to double) sheet of paper

la **soif**

j'ai soif	I am thirsty
boire à sa soif	to drink one's fill

le **soin**

prendre soin de quelque chose	to look after something
« aux bons soins de... »	"care of..." (on an envelope)
elle est aux petits soins pour sa mère	she waits on her mother hand and foot

soigner

cet élève soigne toujours ses devoirs	this pupil always does his homework carefully

se **soigner**

quand on est malade il faut se soigner	when one is ill one must take care of oneself

le **soleil**

il fait du soleil	the sun is shining
un coup de soleil	a touch of the sun

la **somme**

tout fait somme	everything counts
somme toute	upon the whole
en somme	in short
il a depensé une grosse somme	he spent a large sum of money

le **sommeil**

j'ai sommeil	I am sleepy
il a le sommeil dur	he is a heavy sleeper

sonner

sonner la cloche	to ring the bell
l'heure sonne	it is striking the hour
il est dix heures sonnées	it is past ten

la **sorte**

ne parlez pas de la sorte	don't talk like that

sortir

il est sorti en courant	he ran out
il est sorti à quatre pattes	he crawled out
je sors de table	I have just risen from the table

il a sorti son mouchoir de sa poche	he took his handkerchief out of his pocket
sortez-le!	send him off! (to a referee in a football match)

la **source**

aller à la source du mal	to get to the root of the trouble
je le tiens de bonne source	I have it on good authority

sourd

il a fait la sourde oreille à ce que je disais	he turned a deaf ear to what I was saying
il est sourd comme un pot	he is as deaf as a post
cela tomba avec un coup sourd	that fell with a thud

sourire

tout lui sourit	he succeeds in everything

sous

sous clé	under lock and key
sous Louis XIV	in the reign of Louis XIV

souvent

le plus souvent	more often than not

le **sport**

faire du sport	to play games, to indulge in sport

le **stylo**

un stylo à *bille*	a ball-point pen

suivre

« À suivre »	"To be continued"
suivre une piste	to follow a trail; to follow up a clue
cet élève ne suit pas	this pupil is not attending

sur

sur toute la ligne	all along the line
il tire sur l'âge	he is growing old
sur toute chose	above all things
sur quoi	whereupon
un jour sur quatre	one day out of four
huit mètres sur six	eight metres by six

sûr

jouer au plus sûr	to play for safety
à coup sûr	for certain
bien sûr!	to be sure
bien sûr?	honour bright?
cette nouvelle est sûre	this news is quite authentic

T

table

tenir table ouverte	to keep an open board
à table!	come! Dinner (lunch) is ready!

le **tableau**

le maître écrit au tableau	the master writes on the blackboard

tailler

tailler un crayon	to sharpen a pencil
il est taillé pour commander	he is cut out to be a leader

(se) **taire**

tais-toi!	hold your tongue!
une dame dont je tairai le nom	a lady who shall be nameless

tant

il est tant soit peu malade	he is just a little unwell
tant s'en faut	far from it
tant mieux!	so much the better!; good!
tant *pis*!	so much the worse!; it can't be helped
tant que je vivrai	as long as I live

tard

pas plus tard qu'hier	only yesterday
il est tard	it is late
il se fait tard	it is getting late
mieux vaut tard que jamais	better late than never

tas	
nous avons des tas de choses à faire	we have heaps of things to do
il y avait un tas de gens dans les rues	there were a lot of people in the streets
tasse	
une tasse de café	a cup of coffee
une tasse à café	a coffee cup
le **téléphone**	
il m'a donné un coup de téléphone	he gave me a ring
téléphoner	
il a téléphoné à son ami	he phoned his friend
télévision	
un poste de télévision	a television set
à la télévision	on the television
tel	
un tel homme	such a man
à tel point	to such an extent
tel père, tel fils	like father, like son
je vous achète la maison telle quelle	I'll buy the house from you just as it stands
Monsieur un tel	Mr so-and-so
tellement	
un homme tellement intelligent	such an intelligent man
le **temps**	
vous avez le temps voulu	you have plenty of time
entre temps	meanwhile
le bon vieux temps	the good old days
par le temps qui court	in these days, in this day and age
il n'est plus temps	it is too late
de temps en temps, de temps à autre	from time to time
en même temps	at the same time
il est arrivé à temps	he arrived in time
nous tuons le temps	we are killing time
cet habit a fait son temps	this coat has had its day
le temps c'est de l'argent	time is money

il fait beau temps	the weather is fine
par tous les temps	in all weathers
après la pluie, le beau temps	every cloud has a silver lining
tout le temps	all the time

tendre

il tend les bras vers sa mère	he holds out his arms to his mother
il m'a tendu la main	he held out his hand to me
il a tendu sa chambre en bleu	he papered his room with blue wallpaper
je tends à le croire	I'm inclined to believe it

tenir

tenez! voilà votre livre	Look! there's your book
je le tiens à la main	I am holding it in my hand
tout ça tient en deux mots	all that can be said in two words
il tient de son père	he takes after his father
elle tient un magasin	she keeps a shop
il est obligé de tenir la chambre parce qu'il est malade	he has to keep to his room because he is ill
« Tenez votre gauche »	"Keep to the left"
tenez-vous-le pour dit	I shall not tell you again
il ne tient plus sur ses jambes	he is ready to drop
tenez bon!	stand fast! hold out!
il a tenu tête aux ennemis	he resisted the enemy
je n'y tiens plus!	I can't stand it any longer
je tiens à cela	I value that
je tiens à le faire	I am bent on doing that
à quoi cela tient-il?	what's the reason for it?
il ne tient qu'à vous de le faire	it rests entirely with you to do it
il n'y a pas de brouillard qui tienne, je vais sortir ce soir	fog or no fog, I'm going out this evening
un bon tiens vaut mieux que deux tu l'auras	a bird in the hand is worth two in the bush

se **tenir**

tenez-vous là!	stay where you are!
tiens-toi tranquille!	keep quiet!
je ne sais pas à quoi m'en tenir	I don't know what to believe
tiens-toi!	behave yourself!

il a passé les vacances sous une tente

la **tente**

il a passé les vacances sous une tente	he spent his holidays under canvas

le **terrain**

aller sur le terrain	to fight a duel
gagner du terrain	to gain ground
nous sommes sur notre terrain	we are on familiar ground

la **terre**

il est tombé par terre	he fell down (from a standing position)
il est tombé à terre	he fell down (from a height)
le bateau est à terre	the boat is aground
elle est terre-à-terre	she is a very matter-of-fact person
les terres étrangères	foreign lands

la **tête**

j'en ai par-dessus la tête	I can't stand it any longer
vous vous payez ma tête	you are pulling my leg
je ne sais où donner de la tête	I don't know which way to turn
nous dînions tête à tête	we were dining alone together
il fit un signe de tête	he nodded
il a fait une tête	he pulled a long face
c'est une femme de tête	she is a capable woman
c'est une mauvaise tête	he is an unruly person
je veux en faire à ma tête	I want to have my own way
ce cheval prend la tête	that horse is in the lead
il s'est mis en tête de...	he took it into his head to...
il marchait en tête	he was walking in front

il a perdu la tête	he lost his head
il a la tête montée	his blood is up
j'ai piqué une tête	I took a header (swimming)
jouer le ballon de la tête	to head the ball (football)
j'ai mal à la tête	I have a headache
ils étaient tête *nue*	they were bare-headed
de la tête aux pieds	from head to foot
le **théâtre**	
elle fait du théâtre	she is on the stage
le **timbre**	
il a le timbre *fêlé*	he's got a screw loose
tirer	
il tire la jambe	he limps
nous sommes tirés à quatre	we are worried on every side
tirer les cartes	to tell fortunes by the cards
tirer des armes	to fence
le jour tire à sa fin	the day is drawing to its close
il a tiré deux balles	he fired two bullets
nous nous sommes tirés d'affaire	we got out of trouble
tomber	
il est tombé de la neige	snow has fallen
vous avez laissé tomber votre mouchoir	you have dropped your handkerchief
cela est tombé juste	that came at the right moment
il est tombé amoureux d'une jeune fille	he has fallen in love with a girl
je suis tombé de mon haut quand j'ai appris cette nouvelle	I was bowled over when I heard that news
ce livre tombe en morceaux	this book is falling to pieces
je suis tombé sur mon ami	I bumped into (met) my friend
cet argent lui tombe du ciel	this money is a godsend to him
vous ne tombez pas bien, vous êtes mal tombé	you haven't struck lucky
tort	
j'ai tort	I am wrong
il est dans son tort	he is in the wrong
à tort ou à raison	rightly or wrongly
à tort et à *travers*	at random

on vous a fait tort	you have been wronged
tôt	
tôt ou tard	sooner or later
je me suis levé très tôt	I got up very early
toucher	
cela m'a touché jusqu'aux *larmes*	that moved me to tears
ils n'ont pas touché à ce plat	they left that dish untasted
elle n'a pas l'air d'y toucher	she looks as if butter wouldn't melt in her mouth
il a touché une grosse somme	he received a large sum of money
toucher un chèque	to cash a cheque
toujours	
cherchez toujours!	go on looking
est-il toujours là?	is he still there?
le **tour**	
faire le tour du monde	to go round the world
frapper à tour de bras	to strike with all one's might
son sang n'a fait qu'un tour	it gave him a dreadful shock
nous faisions un tour dans le jardin	we were taking a turn in the garden
chacun à son tour	each in his turn
un tour de force	a feat of strength (or skill)
c'est votre tour de parler	it's your turn to speak
il a ouvert la porte en un tour de main	he opened the door in a flash
il a plus d'un tour dans son sac	he has more than one trick up his sleeve
tourner	
je lui tournai le dos	I turned my back on him
elle tourne tout en mal	she puts a bad complexion on everything
ne tournez pas autour du pot	don't beat about the bush
le pied lui a tourné	he twisted his ankle
tournez à gauche	turn to the left
la tête me tourne	I feel dizzy
il s'est tourné vers moi	he turned towards me
un tourne-disque	a record-player
tout	
tout autre que vous	anybody but you

de toute force il nous faut...	we absolutely must...
à toute vitesse	at full speed
pendant tout l'hiver	throughout the winter
tous les jours	every day
tous les deux jours	every other day
c'est toute une histoire	it's a long story
c'est tout ce qu'il y a de plus beau	it is most beautiful
tous à la fois	all together
pas du tout	not at all
un habit tout neuf	a brand-new coat
une robe toute neuve	a brand-new dress
elle est tout habillée	she is fully dressed
tout doux!	gently!
il déjeune tout en lisant son journal	he reads his newspaper over lunch
tout à coup	suddenly
tout à fait	completely, entirely
tout à l'heure	presently, by and by
tout de suite	immediately, right away
tout le monde est arrivé	everyone has arrived

le **train**

à fond de train	at top speed
les choses vont leur train	things are proceeding as usual
il menait grand train	he lived on a grand scale
je suis en train	I am in good form
elle est en train de coudre	she is (in the process of) sewing

il menait grand train

tranquille

laissez-moi tranquille!	leave me alone!

le **travail**

les sans-travail	the unemployed
les travaux forcés	hard labour

travailler	
se travailler l'esprit	to worry
traverser	
la balle le traversa de part en part	the bullet went clean through him
il traversa la Manche à la nage	he swam across the Channel
trente	
il s'est mis sur son trente et un	he dressed up in his Sunday best
j'ai trente-six choses à faire	I have umpteen things to do
je le vois tous les trente-six du mois	I see him once in a blue moon
triste	
il a fait triste figure	he pulled a long face
c'est une triste affaire	it is a bad job
tromper	
la marchande a trompé sa cliente	the shopkeeper cheated her customer
le trompeur trompé	the biter bit
se **tromper**	
vous devez vous tromper	you must be mistaken
il n'y a pas à s'y tromper	there's no doubt about it
trop	
je ne sais trop que dire	I hardly know what to say
est-ce que je suis de trop?	am I in the way? am I unwelcome?
il y a là un mot de trop	there's one word too many there
tu es par trop difficile	you are too fussy
le **trou**	
il boit comme un trou	he drinks like a fish
trouver	
aller trouver quelqu'un	to go and see someone
c'est bien trouvé!	happy thought!
vous trouvez?	you think so?
je me trouvais à Paris	I was then in Paris
Paris se trouve au bord de la Seine	Paris stands on the banks of Seine

moi, je trouve que l'eau est froide	I find the water cold

tu

je suis à tu et à toi avec lui	I'm on familiar terms with him

tuer

il a été tué à la guerre	he was killed in the war
je me tue à vous le répéter	I am sick and tired of repeating this to you

U

un

page un	page one
il en sait plus d'une	he knows a thing or two
une, deux, trois, partez!	one, two, three, go!
c'est tout un	it's all one
pour une raison ou pour une autre	for some reason or other

l'un

ils s'aident l'un l'autre (les uns les autres)	they help one another
elles se moquent l'une de l'autre (les unes des autres)	they laugh at one another
ils se parlent l'un à l'autre (les uns aux autres)	they speak to one another

utile

puis-je être utile en rien?	can I be of any help?
en temps utile	in (good) time

V

les **vacances**

les grandes vacances	the summer holidays
être en vacances	to be on holiday

je suis en vacances

vache

il parle français comme une vache espagnole	he speaks rotten French
la vache! (fam.)	blast!
quelle vache de temps!	what awful weather!

valoir

ce n'est rien qui vaille	it is not worth having
autant vaut rester ici	one may as well stay here
cette maison vaut très cher	this house is worth a lot of money
il vaut mieux rester à la maison	it is better to stay at home
il vaut mieux qu'il en soit ainsi	it is better that it should be so
mieux vaut tard que jamais	better late than never
cela vaut la peine de faire le voyage	it is worth taking the journey
cela n'en vaut pas la peine	it isn't worth while

vendre

maison à vendre	house for sale

venir

je ne ferai qu'aller et venir	I'll come straight back
faites venir le médecin!	send for the doctor
je vous vois venir!	I see what you are getting at!
soyez le *bienvenu*!	welcome!
venez me trouver demain	come and see me tomorrow
il est venu à bout de son travail	he got through his work

un homme vient à passer sur le chemin	a man happens to pass by on the road
ils en sont venus aux mains	they came to blows
le train vient d'arriver	the train has just arrived
le train venait d'arriver	the train had just arrived
il vient de France	he hails from France

le **vent**

un coup de vent	a gust of wind
il fait du vent	it is windy
mettre quelque chose au vent	to hang something out to air
avoir vent de quelque chose	to get wind of something
il va plus vite que le vent	he (it) goes like the wind
il tourne à tout vent	he is a turn-coat
mon ami est dans le vent	my friend is "with it"

mon ami est dans le vent

ventre

ventre à terre	at full speed

la **vérité**

en vérité	really, actually
c'est la vérité vraie	it's the honest truth
je lui ai dit ses (quatre) vérités	I told him a few home truths
à la vérité	in truth

le **verre**

un verre de vin	a glass of wine
un verre à vin	a wine-glass
c'est une *tempête* dans un verre d'eau	it is a storm in a tea-cup

vers

venez vers trois heures	come about three o'clock

vide

vide de sens	devoid of meaning
l'autobus roule vide	the bus is driving along empty

la **vie**

être en vie	to be alive
il y va de la vie	it is a matter of life and death
c'est la vie!	such is life!
il a changé de vie	he mended his ways
il gagne bien sa vie	he earns a good living

vieux

il se fait vieux	he is getting on in years
une vieille fille	an old maid
c'est vieux jeu	it is old-fashioned
vieux comme les rues	as old as the hills
eh bien, mon vieux!	well, old boy!

la **ville**

dîner en ville	to dine out
mon père est en ville	my father is in town (not at home)
l'Hôtel de Ville	the town-hall
nous demeurons dans la ville	we live right in the town (not in the suburbs)
nous demeurons à la ville	we live in town (not in the country)

le **vin**

il est pris de vin	he is in his cups

le **visage**

vous avez bon visage	you look well
elle faisait son visage	she was putting on make-up
faire bon visage à quelqu'un	to smile on someone
nous avons trouvé visage de bois	we found nobody at home

vite

faites vite!	make haste! look sharp!
allons, et plus vite que cela!	now then, be quick about it!
au plus vite	as quickly as possible

la **vitesse**

en vitesse	with all speed
faire de la vitesse	to speed
à toute vitesse	at full speed

la **vitre**

casser les vitres	to kick up a shindy; to blurt out everything

vivre

vive le roi!	long live the King!
qui vive?	who goes there?
qui vivra verra	time will tell
il sait vivre	he knows how to behave
il fait cher vivre ici	the cost of living is high here
nous avons de quoi vivre	we have enough to live on
il a vécu très vieux	he lived to a great age
de son vivant	in his lifetime
les langues vivantes	modern languages

voilà

en voilà assez!	that's enough of it! that will do!
voilà tout	that's all
le voilà qui entre	there he is coming in
voilà dix ans que je le connais	I have known him for the last ten years

voir

voyez vous-même!	see for yourself!
faites voir!	let me see it!
voir du pays	to travel
ni vu ni connu	nobody is any the wiser for it
cela se voit	that is obvious
il n'a rien à voir là-dedans	it is nothing to do with him
voyons!	come! come!
il est bien vu de tous	he is highly thought of by everyone
je ne peux pas le voir	I can't bear the sight of him
j'irai vous voir dimanche	I will come and see you on Sunday
vous n'avez rien à y voir	it is no concern of yours

la **voiture**

aller en voiture	to drive
en voiture!	take your seats, please! (railway)

voler

on aurait entendu une mouche voler	you could have heard a pin drop
le temps vole	time flies
il a volé de l'argent à son ami	he stole some money from his friend

voleur

au voleur!	stop thief!

vouloir

Dieu le veuille!	please God!
vouloir c'est pouvoir	where there's a will there's a way
faites comme vous voudrez	do as you please
qu'il le veuille ou non	whether he chooses or not
je ne lui en veux pas	I am not angry with him
je veux être obéi!	I mean to be obeyed!
que voulez-vous que je fasse?	what would you have me do?
je l'ai fait sans le vouloir	I did it unintentionally
veuillez vous asseoir	kindly sit down
voulez-vous bien vous taire!	will you be silent!
je voudrais un kilo de sucre	I would like a kilo of sugar please
je veux bien	I am quite willing
que veut dire ce mot?	what does this word mean?

vous

vous autres Français	you Frenchmen
c'est à vous de jouer	it is your turn to play
faites cela vous-même	do it yourself

il voyage pour les vins

voyage

il aime les voyages	he is fond of travel
il est en voyage	he is travelling
bon voyage!	pleasant journey!

voyager

il voyage pour les vins	he travels in wine
il voyage pour son plaisir	he is on a pleasure-trip
il voyage pour ses affaires	he is on a business-trip

vrai

c'est vrai!	true!
à vrai dire	to tell the truth
c'est pour de vrai!	I am in earnest!
est-il parti pour de vrai?	has he really and truly gone?

vraiment

vraiment?	indeed? is that really so?
cette robe est vraiment jolie	that dress is really pretty

la **vue**

j'ai la vue basse	I am short-sighted
elle a une mauvaise vue	she has bad sight
j'ai une bonne vue	I have good sight
à perte de vue	as far as the eye can see
à vue d'œil	visibly
à première vue	at first sight
je le vois sous un autre point de vue	I see it in another light
les personnes les plus en vue	the people most in the public eye
je l'ai perdue de vue	I have lost sight of her; I am out of touch with her
en vue de	with a view to
de sa fenêtre il a une belle vue	he has a beautiful view from his window

W

le **wagon**

ils sont montés en wagon	they got into the train
le wagon-lit	sleeping-car
le wagon-restaurant	restaurant-car

Y

y

j'y suis, j'y reste	here I am and here I stay
Madame y est-elle?	is Mrs. X at home?
ah, j'y suis!	ah, now I understand!
j'y gagnerai	I shall gain by it
pendant que vous y êtes	while you are about it
je m'y attendais	I expected as much
je n'y manquerai pas	I shall not fail to do so
je vous y prends!	I have caught you in the act
ça y est!	there we are! that's done!
il y est pour quelque chose	he has a hand in it
j'y pense toujours	I am always thinking of it

je vous y prends!

Z

zéro

c'est un zéro	he is a worthless person
trois à zéro	three love (tennis)

Deuxième partie

Exercices

1 (à-âge)

A. *Étudiez et choisissez:*

1. « Ce sera vite fait » veut dire:

   a. je fais de bonnes affaires.
   b. ce n'est que l'affaire d'un instant.
   c. j'en fais mon affaire.
   d. ce n'est pas votre affaire.

2. « Elle est laide à faire peur » veut dire:

   a. elle a peur de cette femme laide.
   b. cette poule produit très peu d'œufs.
   c. elle ne fait pas grand-chose pour aider cet homme.
   d. elle est très désagréable à voir.

3. « Je l'ai acheté bon marché » veut dire:

   a. j'ai acheté quelque chose de bon au marché.
   b. cela n'a coûté que très peu.
   c. j'ai dû aller très loin pour l'acheter.
   d. j'ai payé très cher.

4. Je suis d'accord avec lui parce que

   a. je pense comme lui.
   b. j'ai eu une dispute avec lui.
   c. j'habite la même maison que lui.
   d. ma maison est à côté de la sienne.

5. « Il mange à sa faim » veut dire:

   a. il mange autant qu'il a faim.
   b. il mange parce qu'il a faim.
   c. il n'a pas faim.
   d. il ne mange que quand il a faim.

6. Cette adresse est si mal mise
   a. que je n'ai jamais reçu la lettre.
   b. que c'est seulement par accident que la lettre est arrivée chez moi.
   c. qu'il y a eu un accident.
   d. que la lettre est arrivée sans accident.

B. *Inventez des questions qui amèneraient les réponses suivantes:*

1. J'ai quatorze ans.

2. Je pense aux vacances.
3. Je pense à mon ami.
4. Ce livre est à mon frère.
5. Non, j'habite au deuxième étage.
6. Non, je n'ai rien à la main.
7. Si, je suis monté à la Tour Eiffel l'année dernière.
8. Non, ce tableau m'a coûté très cher.

C. *Remplacez les tirets par les mots qui conviennent:*

1. Vous ne pouvez pas le faire maintenant, il faut - - - .
2. Quand on veut faire arrêter un voleur on crie: « - - -! »
3. Je bois mon thé dans une - - - .
4. Voici le livre de Paul. Ce livre est - - - .
5. Quand on veut voir tout Paris on - - - .
6. Cette femme n'est pas belle; au contraire, elle est - - - .
7. Je pense comme vous. Je suis - - - .
8. Il a acheté ce livre deux francs; il l'a acheté - - - et il a fait - - - .
9. Le tennis et le football sont des jeux - - - .
10. Cette année j'ai gagné deux millions de francs; je fais - - - .

D. A qui avez-vous acheté ce tableau? Eh bien, je l'ai acheté au marchand.

Remplacez ce tableau *par:*
cette viande, ce médicament, ce pain, ce sucre, ces choux, ces poissons, ces souliers.

et remplacez le mot marchand *par*:
boucher, marchand de chaussures, pharmacien, boulanger, marchand de poissons, épicier, marchand de légumes.

exemple:
A qui avez-vous acheté ces poissons? Eh bien, je les ai achetés au marchand de poissons.

2 (agréable-aller)

A. *Étudiez et choisissez:*

1. Il fumait 60 cigarettes par jour et par conséquent

a. cet habit lui va très bien.
b. il est sorti prendre l'air.
c. il est mort avant l'âge.
d. il a dû vivre de l'air du temps.

2. Un pique-nique est un repas qu'on prend

   a. au pis aller.
   b. en plein air.
   c. le temps aidant.
   d. pour se donner des airs.

3. « Chercher une aiguille dans une botte de foin » veut dire:

   a. ajouter l'action aux paroles.
   b. travailler à l'aiguille.
   c. chercher quelque chose qu'on ne pourra jamais trouver.
   d. y aller de tout son cœur.

4. Il y va de la vie parce que

   a. c'est une affaire très importante.
   b. cela va sans dire.
   c. cette femme est morte avant l'âge.
   d. vous êtes d'âge à faire cela.

5. « Il y va de tout son cœur » est le contraire de

   a. il se donne des airs.
   b. il ne l'aime pas d'amour.
   c. cet habit lui va très bien.
   d. il le fait sans enthousiasme.

B. *Remplacez les tirets par les mots qui conviennent:*

1. Je ne l'ai pas fait tout seul, je - - -.
2. Il faut consulter le médecin immédiatement; - - - .
3. Jean a crié: « Dépêche-toi! Nous allons être en retard », et Paul a répondu: « - - - ».
4. Cette valise est trop lourde! S'il vous plaît - - -.
5. Mon ami est très pauvre et j'ai été obligé de - - - .
6. Je suis sorti sans parapluie et il commence à pleuvoir. - - - je pourrai m'abriter sous un arbre.

C. *Trouvez les questions qui amèneraient les réponses suivantes:*

1. Je vais très bien, merci.
2. Non, j'ai pris un billet simple.
3. Non, nous vivons de l'air du temps.
4. Oui, je l'aime d'amour.
5. Parce que travailler au soleil n'est pas agréable.
6. J'aime mieux travailler à l'intérieur de ma maison.
7. Parce qu'elle est très riche et très belle.
8. Non, elle pleure tout le temps.
9. Oui, mais j'aime mieux jouer au football.

D. *Remplacez les tirets par une de ces expressions:*

le temps aidant, s'il en est ainsi, cela va sans dire, ça va, allez-y:

a. - - -! Nous n'avons pas de temps à perdre!
b. Vous êtes très intelligent, - - - .
c. Est-ce que c'est bien? Oui, - - - .
d. C'est un travail dur mais j'en viendrai à bout - - - .
e. - - - , vous avez raison et, moi, j'ai tort.

3 (s'amuser-arriver)

A. *Étudiez et choisissez:*

1. Cet élève est mon ancien

   a. c'est un ancien élève.
   b. il a deux ans de plus que moi.
   c. il est plus stupide que moi.
   d. il est ici depuis deux ans.

2. «Ma femme est toujours après moi» veut dire:

   a. elle court après moi.
   b. elle arrive toujours après moi.
   c. je la mets en colère tout le temps.
   d. elle m'aime beaucoup.

3. Mon ami est très paresseux et par conséquent

   a. il n'arrivera jamais à rien.
   b. il arrivera à bon port.
   c. je me suis arrangé avec lui.
   d. il travaille tout le temps.

4. Le jour de l'an c'est

   a. le jour de mon anniversaire.
   b. le 25 décembre.
   c. le quatorze juillet.
   d. le premier janvier.

5. «Il veut en avoir pour son argent» veut dire:

   a. il est très riche.
   b. il n'a pas de porte-monnaie.
   c. il est très pauvre
   d. il veut être satisfait.

6. Quand on s'est fait mal on

   a. fait appeler le médecin.
   b. s'amuse bien.
   c. y va de tout son cœur.
   d. fait une mauvaise affaire.

B. *Remplacez les tirets par les mots qui conviennent:*

1. Vous partez en vacances? Alors, - - - !
2. Ce sera trop tôt si vous venez demain. Je vous prie de venir - - - .
3. Cette chambre est en désordre: - - - , s'il vous plaît!
4. Cette usine est fermée parce que - - - .
5. J'étais sur le point de lui dire la vérité mais - - - .
6. Vite! Faites appeler un médecin parce qu' - - - .
7. La reine Victoria est morte - - - .
8. Le professeur - - - - à lire à ses élèves. Ils - - - à lire.
9. Il a - - - le garçon parce qu'il voulait commander - - - .
10. J'ai oublié d'apporter mon livre: - - - .
11. Le chef de gare - - - le train avec son drapeau rouge.

C. *Trouvez les questions qui amèneraient les réponses suivantes:*

1. Non, c'est un meuble moderne.
2. Non, je descends toujours dans un hôtel quand je suis à Paris.
3. Je m'appelle Jean.
4. Non, c'est mon ami qui m'a appris cette nouvelle.
5. L'agent a arrêté le voleur.
6. Le train s'est arrêté avant d'arriver à la gare.
7. Parce qu'il lui est arrivé un accident.
8. Non, le bateau a coulé.
9. Non, cela n'arrive jamais.
10. Nous jouons au football l'après-midi.
11. Oui, j'ai quitté ce collège il y a deux ans.
12. Non, je suis né en l'an 1960.

4 (s'asseoir-avril)

A. *Étudiez et choisissez:*

1. Je travaille depuis quatre heures et maintenant

   a. j'en fais autant.
   b. j'en ai assez.
   c. en avant à toute vitesse!
   d. j'en ai pour cinq minutes.

2. J'ai fait appeler le médecin parce que

a. je ne suis pas dans mon assiette.
b. j'ai mangé dans une assiette.
c. je m'attends à ce qu'il vienne.
d. j'ai changé d'avis.

3. Elle a l'air confortable parce qu'

a. elle en a assez.
b. elle s'assied devant le feu.
c. elle est assise devant le feu.
d. elle a attrapé un rhume.

4. « Vous n'avez pas répondu à ma question » veut dire:

a. vous tournez autour du pot.
b. vous m'avez eu.
c. vous avez changé d'avis.
d. vous m'avez fait attendre.

5. Ils m'ont dit que M. Pompidou m'a téléphoné, je crois qu'

a. ils m'ont parlé de choses et d'autres.
b. ils m'ont dit la vérité.
c. ils sont assez stupides pour le croire.
d. ils m'ont donné un poisson d'avril.

6. Si vous me disiez que le soleil tourne autour de la terre je répondrais

a. « vous tournez autour du pot »
b. « il n'y a pas de quoi »
c. « ni l'un ni l'autre »
d. « à d'autres! »

B. *Remplacez les tirets par les mots qui conviennent:*

1. Ah! je vous demande pardon! - - - !
2. Vous avez payé mille francs cela? - - - !
3. J'allais partir aujourd'hui mais j'ai - - - et maintenant j'ai décidé de rester ici jusqu'à - - - .
4. Notre maison a été construite en 1870: c'est à dire - - - cent ans.
5. Je les ai invités pour midi mais ils sont arrivés à onze heures et demie. Ils sont arrivés - - - . Je crois que leurs montres - - - d'une demi-heure.
6. Il est millionnaire; il - - - .
7. Ma grand-mère est très vieille et très malade. Elle est sur le point de mourir; cela - - -.
8. - - - -? Pourquoi pleurez-vous? - - - - je me suis fait mal.
9. Le français est une langue difficile pour - - - - .

10. Je ne connais - - - - de ces deux jeunes filles.
11. Attendez un peu s'il vous plaît. - - - - .
12. Il ne peut pas sortir aujourd'hui parce qu'il a - - - - .

C. *Trouvez les questions qui amèneraient les réponses suivantes:*

1. Il y a 100 kilomètres d'ici à Paris.
2. Elle est née il y a 80 ans.
3. Je me suis fait mal.
4. Non, elle est arrivée la nuit d'avant.
5. Nous avons parlé de choses et d'autres.
6. Oui, mais ne ne peux pas conduire une auto parce que je me suis cassé la jambe.
7. Non, on mange dans une assiette et l'on boit dans un verre.
8. Au contraire, je suis arrivé en retard.
9. Vous vous trompez, c'est la lune qui tourne autour de la terre.
10. A mon avis ils sont très stupides.
11. Non, je suis toujours du même avis.
12. Je ne suis pas dans mon assiette.

5 (baisser-bec)

A. *Étudiez et choisissez:*

1. Je porte des lunettes parce que

   a. le soleil baisse.
   b. je veux examiner la lune.
   c. je suis fou.
   d. j'ai la vue basse.

2. Papa a sommeil et il veut dormir un peu. Il faut

   a. baisser les lumières.
   b. battre des mains.
   c. faire appeler un médecin.
   d. ajouter l'action aux paroles.

3. On dit « ferme ton bec » à

   a. un oiseau.
   b. quelqu'un qui parle trop.
   c. un fermier.
   d. quelqu'un qui a mal aux dents.

4. « Il lui a renvoyé la balle » veut dire:

   a. il a joué au tennis avec lui.
   b. il lui a répondu avec force.
   c. il lui a donné des coups de bâton.
   d. il lui a parlé à voix basse.

5. Le cœur me bat parce que

   a. j'ai eu une belle peur.
   b. j'ai suivi le chemin battu.
   c. nous avons joué la belle.
   d. j'ai perdu mon bâton.

6. Quand il a manqué le train il a dit:

   a. « j'ai beau jeu! »
   b. « tout cela est bel et bon! »
   c. « c'est la barbe alors! »
   d. « je l'ai échappé belle! »

B. *Remplacez les tirets par les mots qui conviennent:*

1. Vous avez promis de m'aider mais vous - - - - .
2. Nous allons faire un pique-nique aujourd'hui parce que le temps est - - - - .
3. J'ai beau - - - - , personne ne m'écoute.
4. C'est un optimiste, il voit tout - - - - .
5. Pendant la guerre je - - - - contre l'ennemi.
6. Vous avez échappé à un grand danger; vous l'avez - - - - .
7. Il pleut depuis deux heures et maintenant - - - - .
8. L'élève a oublié de faire son devoir et le professeur lui a - - - - .
9. Cet enfant n'a que six ans; c'est un enfant - - - - .
10. Il rit sans laisser voir qu'il rit. Il rit - - - - .
11. A la gare de Victoria j'ai pris - - - - parce que j'allais passer les grandes vacances en France.
12. Je n'ai pas entendu ce qu'il m'a dit parce qu'il a dit cela - - - - .

C. *Trouvez les questions qui amèneraient les réponses suivantes:*

1. Parce que j'ai la vue basse.
2. Il fait beau.
3. Oui, il pleut de plus belle.
4. Oui, je me suis battu contre les Allemands.
5. Parce que j'ai eu une belle peur.
6. Non, je préfère aller en bateau.
7. Non, les prix montent tout le temps.
8. Oui, mais je préfère jouer aux cartes.

9. Non, je suis un pessimiste.
10. Celui-ci est de beaucoup le meilleur.

6 (besoin-bon)

A. *Étudiez et choisissez:*

1. Ces gens se moquent de moi mais

   a. cela m'a donné une peur bleue
   b. je leur ferai voir de quel bois je me chauffe.
   c. c'est bientôt dit.
   d. ils ont bien fait.

2. « Nous sommes dans le besoin » veut dire:

   a. nous sommes très riches.
   b. nous sommes chez nous.
   c. nous n'avons pas d'argent.
   d. nous ne sommes pas dans le bon train.

3. « En voilà une bonne! » veut dire:

   a. je ne crois pas ce que vous dites.
   b. cette histoire est vraie.
   c. cette femme est très bonne.
   d. regardez cette femme!

4. Il ne travaille que

   a. quand il a trop bu.
   b. quand il ne se sent pas bien.
   c. quand il a une auto.
   d. quand il a besoin d'argent.

5. Je ne la verrai plus jamais parce qu'elle

   a. boit comme un trou.
   b. est très bien avec moi.
   c. est partie pour de bon.
   d. est ma bête noire.

6. « A bientôt » veut dire:

   a. « au revoir ».
   b. « bonne année! »
   c. « grand bien vous fasse! »
   d. « c'est bientôt dit »

B. *Remplacez les tirets par les mots qui conviennent:*

1. Je suis très fatigué ce matin parce que j'ai - - - - .

2. Quand ils m'ont appris cette nouvelle, cela m'a donné - - - - .
3. Tout le monde m'a donné des conseils mais je - - - - .
4. Vous m'avez dit de traverser la Manche à la nage mais - - - - .
5. Si l'on veut devenir riche il ne faut pas - - - - .
6. J'ai très soif. Voulez-vous bien me donner - - - - .
7. Elle n'a pas payé très cher sa maison; elle l'a achetée - - - - .
8. Le premier janvier on dit à ses amis: «- - - -!»
9. Au mois d'août on aide le fermier à - - - - .
10. Je déteste cette femme. Elle est - - - - .
11. Je vous ai dit - - - - de ne pas faire cela.
12. Je vois cette jeune fille très souvent parce que je suis - - - -.

C. *Trouvez les questions qui amèneraient les réponses suivantes:*

1. Non, j'ai passé une nuit blanche.
2. Merci, je n'ai pas besoin d'argent.
3. Merci, vous êtes bien bon de vouloir m'aider.
4. Je me porte très bien, merci.
5. Oui, c'est moi.
6. Non, j'ai payé très cher ma bicyclette.
7. Oui, c'est la vérité.
8. Parce que j'ai trop bu.
9. Mais c'est très utile.

7 (bonjour-casser)

A. *Étudiez et choisissez:*

1. Quand on ne veut pas entendre on

   a. se bouche le nez.
   b. se bouche les oreilles.
   c. parle boutique.
   d. casse les vitres.

2. Cette femme a fait courir le bruit que

   a. je vais me marier.
   b. j'ai cinq petits enfants sur les bras.
   c. je suis à bout de forces.
   d. je suis à bout d'essence.

3. Je vous dis que c'est vrai parce que

a. j'ai le bras long.
b. c'est simple comme bonjour.
c. je vous donne carte blanche.
d. je connais le dessous des cartes.

4. Quand il saura ce que j'ai fait, mon père va

a. se casser la tête.
b. casser les vitres.
c. me donner un coup de brosse.
d. brûler les feux.

5. Je suis couvert de poussière! Voulez-vous me donner

a. un bout de papier.
b. un coup de brosse.
c. le bonjour.
d. un coup de main.

6. Elle a passé la nuit dans le train et ce matin elle est

a. à bout de forces.
b. au bout du compte.
c. comme ci comme ça.
d. dans le mauvais train.

B. *Remplacez les tirets par les mots qui conviennent:*

1. Il se - - - - parce que cela sent mauvais.
2. Papa se - - - - parce que les enfants font trop de bruit.
3. Pendant les grandes vacances nous sommes allés - - - - .
4. Nous nous sommes arrêtés au poste d'essence parce que - - - - .
5. Il m'a dit - - - - qu'il ne m'aimait pas.
6. Je le ferai en cinq minutes; c'est simple - - - - .
7. Je veux écouter la radio. - - - - s'il vous plaît.
8. Cet enfant a l'air très malade; il a - - - - sur le visage.
9. M. Lenoir et sa femme se promenaient - - - - .
10. Nous sommes tous obligés de travailler très dur parce que nous - - - - .
11. Je ne veux pas manger ceci maintenant; je la garde pour - - - - .
12. Je me - - - - à chercher à expliquer cela.
13. Au restaurant, avant de commander un repas il faut étudier - - - - .
14. Le - - - - que Jean et Marie vont se marier.
15. L'agent m'a arrêté parce que je - - - - .
16. Pour passer le temps on pourrait - - - - .
17. Puis-je vous être bon à quelque chose? Vous savez que j'ai le - - - - .

18. J'ai écrit son adresse sur - - - -.
19. Cet enfant sera malade; il mange - - - - .
20. L'agent a trouvé un voleur devant la banque et il - - - - .
21. Comment ça va? - - - - .
22. Quand il a manqué son train il a dit: «- - - -»!

8 (cause-chauffer)

A. *Étudiez et choisissez:*

1. «Je donne ma langue au chat» veut dire:

   a. j'aime beaucoup mon chat.
   b. je ne peux pas répondre à cette question.
   c. je donne du lait au chat.
   d. mon chat parle la même langue que moi.

2. Le médecin a ordonné au malade de

   a. boire comme un trou.
   b. faire les cent pas.
   c. chauffer sa chambre.
   d. garder la chambre.

3. Il ne faut pas mettre la charrue devant les bœufs veut dire:

   a. il faut commencer par le commencement.
   b. il ne faut pas travailler comme un bœuf.
   c. il ne faut pas acheter chat en poche.
   d. il ne faut pas chauffer un examen.

4. J'ai passé trois ans dans une grande ville industrielle et maintenant j'espère que

   a. le temps va changer.
   b. je pourrai changer de vêtements.
   c. je pourrai prendre à travers champs.
   d. la campagne me changera.

5. En voyant Mme Lebrun qui passait dans la rue

   a. il l'a saluée d'un coup de chapeau.
   b. il lui a souhaité bonne chance.
   c. il a fait les cent pas.
   d. il a changé de vêtements.

6. Il pleurait à chaudes larmes parce que

   a. le temps avait changé.
   b. il avait très chaud.
   c. la pluie tombait.
   d. sa mère venait de mourir.

B. Remplacez les phrases suivantes par des idiotismes:

1. Je n'en peux plus.
2. Il ne faut pas acheter quelque chose sans l'examiner.
3. Je ne peux pas répondre a cette question.
4. J'espère que vous réussirez.
5. Il dit toujours la même chose.
6. Ce que vous dites est ridicule.
7. Il faut faire les choses dans l'ordre.
8. Je suis entièrement Français.
9. Le voleur est parti de l'endroit où il était gardé.
10. Quand le maître n'est pas là les élèves s'amusent.

C. *Remplacez les tirets par les mots qui conviennent:*

1. Elle était très triste et elle pleurait - - - - .
2. En hiver il faut - - - - sa maison.
3. Je sais que ce que je dis est la vérité parce que je - - - - .
4. Nous ne pouvons sortir aujourd'hui à - - - - neige.
5. Vous aimez le vin mais moi je préfère la bière. - - - - .
6. Je viens de gagner 1000 francs à la loterie nationale. - - - - !
7. Je vais - - - - parce que j'ai envie de fumer.
8. Vous m'avez trompé deux fois dejà, mais vous ne me tromperez plus jamais, chat - - - - !
9. Notre professeur a - - - -. Il ne faut pas le mettre en colère.
10. Il a chauffé son examen de français mais il a - - - - .
11. Il fait très beau depuis trois semaines mais - - - - .
12. Vous pouvez passer maintenant parce que le champ - - - -.

9 (chemin-clé)

A. *Étudiez et choisissez:*

1. «Je ferai un bout de chemin avec vous» veut dire:

   a. je vais boxer avec vous.
   b. je vais boire à votre santé.
   c. je ne vous quitterai jamais.
   d. je vous accompagnerai sur une certaine distance.

2. Si vous vous moquez de cet homme il

   a. monte sur ses grands chevaux.
   b. remue ciel et terre.
   c. dit le mot et la chose.
   d. aime à rire.

3. Il vous dira tout ce qu'il pense parce que c'est un homme qui

   a. n'y va pas par quatre chemins
   b. n'aime pas la vérité.
   c. parle trop.
   d. pense à tout.

4. « Il ménage la chèvre et le chou » veut dire:

   a. il donne des choux à sa chèvre.
   b. il veut rester ami avec tout le monde (même avec des gens qui ne sont pas d'accord entre eux).
   c. il garde des chèvres et cultive des légumes.
   d. il mange des légumes et de la viande.

5. On va chez le coiffeur pour

   a. monter sur ses grands chevaux.
   b. couper un cheveu en quatre.
   c. se faire couper les cheveux.
   d. se mettre à cheval sur une chaise.

6. Pendant la nuit il est agréable de se promener

   a. entre chien et loup.
   b. au clair de lune.
   c. à ciel ouvert.
   d. chemin faisant.

B. *Remplacez les tirets par les mots qui conviennent:*

1. Cet homme m'a fait beaucoup de mal mais il me - - - - .
2. Je ne peux jamais sortir parce que je suis - - - - .
3. Il est impossible de lui voler son argent parce qu'il le - - - - .
4. Il pleut depuis trois jours. Quel - - - - !
5. Tout chemin mène à - - - - .
6. Avant de - - - - nous avons dit « au revoir » à nos amis.
7. A cheval donné - - - - .
8. Quand je veux acheter du riz, je vais - - - - .
9. Je ne peux pas manger cette viande. Cela n'est pas - - - - .
10. Vous ne pouvez entrer. Cette porte est - - - - .
11. Cet homme ne quittera jamais sa maison. Il aime son - - - - .
12. Cet élève est très intelligent et il travaille beaucoup; il - - - - .

13. Elle est allée à la banque pour - - - - .
14. Sais-tu monter - - - - ? Oui, mais je préfère monter à bicyclette.
15. Dans un hôtel on ne peut pas - - - - .

C. Écrivez quatre proverbes français.

10 (clou-compter)

A. *Étudiez et choisissez:*

1. Mon père est en colère parce que

a. j'ai mal au cœur.
b. j'ai trop de cœur.
c. j'ai mis du sel dans son café sans m'en rendre compte.
d. je suis resté cloué sur place.

2. Le grand détective, Sherlock Holmes,

a. a trouvé un clou dans le jardin.
b. a regardé le mort du coin de l'œil.
c. est resté cloué sur place.
d. a fait arrêter le voleur.

3. Madame Lenôtre a passé la journée dans les grands magasins et maintenant

a. elle fait ses comptes.
b. elle s'en rend compte.
c. elle a son compte.
d. elle compte y aller.

4. Je n'ai pas d'argent donc je suis obligé de

a. faire le commerce du café.
b. mettre ma montre au clou.
c. trouver une place de coin.
d. m'en rendre compte.

5. Je sais bien que je vous ai fait du mal mais

a. je n'ai pas le cœur de faire cela.
b. je l'ai fait à contrecœur.
c. j'ai à cœur de faire cela.
d. j'ai mal au cœur.

6. Si le cœur vous en dit nous pourrions

   a. faire comme il nous plaira.
   b. être en retard.
   c. nous mettre en colère.
   d. aller au cinéma ce soir.

B. *Trouvez les questions qui amèneraient les réponses suivantes:*

1. Oui, je compte y aller.
2. J'ai mal au cœur.
3. Non, je ne me suis pas mis en colère.
4. C'est vingt francs.
5. Nous sommes aujourd'hui le dix-neuf décembre.
6. J'ai commandé une bouteille de vin au garçon.
7. Faites comme il vous plaira.
8. Je n'ai rien dit . .
9. Je vais très bien, merci.
10. Parce que je l'ai mise au clou.

C. *Remplacez les tirets par les mots qui conviennent:*

1. Il se - - - - qu'il va être en retard.
2. Tiens! J'ai depensé mille francs aujourd'hui; je - - - -.
3. Notre petit chat est tombé dans le puits. - - - - faire?
4. Après ce grand malheur il faut - - - - .
5. Loin des yeux,- - - - .
6. J'ai commandé un verre de bière - - - - .
7. Vous pouvez sortir ou rester à la maison. Faites - - - - .
8. Il y a trois repas dans la journée - - - - le petit déjeuner.

11 (conduire-couleur)

A. *Étudiez et choisissez:*

1. D'abord je n'aimais pas cet homme mais

   a. il mérite la corde.
   b. il en connaît bien d'autres.
   c. il a fait des coq-à-l'âne.
   d. il gagne à être connu.

2. Un homme qui couche à la belle étoile est

   a. un astronaute.
   b. un vagabond.
   c. un astronome.
   d. un photographe.

3. Il a pris ses jambes à son cou. Qu'est-ce qu'il a fait?

   a. il est tombé.
   b. il a fait des tours d'acrobatie.
   c. il a mangé du jambon.
   d. il s'est sauvé.

4. Quand on arrive à une côte il faut

   a. changer de vitesse.
   b. mettre son costume de bain.
   c. traverser la mer.
   d. boire du vin.

5. Le maître punit souvent cet élève parce qu'il

   a. gagne à être connu.
   b. court d'un côté et de l'autre.
   c. se conduit mal.
   d. parle pour et contre.

6. Vous avez gagné beaucoup d'argent cette année, mais n'oubliez pas de

   a. prendre du corps.
   b. me donner un chèque.
   c. mettre quelque chose de côté.
   d. tenir la corde.

B. *Remplacez les tirets par les mots qui conviennent:*

1. Cet homme mange et boit beaucoup: il vit - - - - .
2. En France, on conduit du côté - - - - mais en Angleterre on conduit - - - - .
3. Il va faire beau parce que le vent - - - - .
4. Les - - - - produisent de bons vins rouges.
5. Je me - - - - parce que le film était si amusant.
6. Quand le - - - - la nuit tombe.
7. C'est un - - - - que vous me racontez!
8. M. Lucas est mon voisin. Sa maison est - - - - .
9. Je sais que ce que je dis est vrai parce que je parle - - - - .
10. Ce chemin - - - - à la ville.
11. Nous sommes fatigués parce que nous nous sommes couchés - - - - et nous nous sommes levés - - - - .
12. Vous êtes très méchant! Vous méritez - - - - .

C. *Trouvez les questions qui amèneraient les réponses suivantes:*

1. Oui, je sais conduire une auto.
2. Oui, ils connaissent cette femme.
3. J'ai pris deux kilos.
4. Le vent vient du bon côté.
5. L'hôtel se trouve au centre de la ville.
6. Non, je ne veux pas me casser le cou.
7. Non, je n'ai rien à dire là-contre.
8. Elle s'est couchée à minuit.
9. Il faut changer de vitesse.
10. Elle est rouge.

12 (coup-curieux)

A. *Étudiez et choisissez:*

1. « Elle a mis le couvert » veut dire:

   a. elle a mis son chapeau.
   b. elle a fait son lit.
   c. elle a mis sa lettre dans l'enveloppe.
   d. elle a mis sur la table les assiettes, les verres, les couteaux, etc.

2. Quand je fais des courses je

   a. vais aux magasins.
   b. cours une course.
   c. mange beaucoup.
   d. dis des choses qu'il ne faut pas dire.

3. Il ne faut pas cracher dessus parce que

   a. l'avis dit « Défense de cracher ».
   b. c'est le derner cri.
   c. c'est une vieille auto.
   d. c'est un avion tout neuf.

4. Quand elle poussait les hauts cris elle

   a. protestait.
   b. chantait.
   c. appelait son chat.
   d. se creusait la tête.

5. Je n'en suis pas à mon coup d'essai; c'est à dire que

   a. je ne vais pas essayer de faire cela.
   b. j'ai fait d'une pierre deux coups.
   c. ce n'est pas la première fois que je fais ceci.
   d. je fais ceci pour la première fois.

6. Ces deux hommes sont à couteaux tirés:

   a. ils se sont coupé le cou.
   b. ils se détestent et sont sur le point de se battre.
   c. ils en sont venus aux coups.
   d. ils ont mis le couvert.

B. *Remplacez les tirets par les mots qui conviennent:*

1. Il m'a frappé; il m'a donné - - - - .
2. Je viens d'acheter cette robe, c'est - - - - .
3. Je vais te téléphoner; je vais te donner - - - - .
4. Il va pleuvoir; le ciel - - - - .
5. J'ai acheté cette auto ce matin et maintenant je suis - - - -.
6. Le chasseur a tiré - - - - et il a tué l'oiseau.
7. Cet enfant est très méchant; il a donné - - - - et - - - - à sa sœur.
8. Je n'ai pas peur de mourir parce que je - - - - .
9. Il a - - - - dans le jardin parce qu'il voulait planter un arbre.
10. Il m'a aidé; il m'a donné - - - - .
11. J'ai jeté - - - - sur cette lettre.
12. Il est allé chez le coiffeur et il - - - - .
13. Ma mère est dans la cuisine où elle - - - - .
14. Ce bifteck est tendre; il est - - - - .
15. Il va y avoir un orage; j'ai entendu - - - - .
16. Il faut - - - - sauver cet enfant.
17. Combien ces fruits - - - - ? Ils - - - - très cher.

13 (danger-demander)

A. *Étudiez et choisissez:*

1. Je ne sais sur quel pied danser parce que

   a. vous changez d'avis chaque jour
   b. vous poussez des cris qui déchirent l'oreille.
   c. vous parlez français si vite.
   d. vous parlez d'une voix douce.

2. Cet homme est très glouton car

   a. il manque de courage.
   b. il mange du matin au soir.
   c. c'est un drôle de garçon.
   d. il a donné dedans.

3. Il a couru le danger de tuer quelqu'un

a. en déchargeant le camion.
b. en déchargeant sa colère sur ses ennemis.
c. en déchargeant son fusil sur la foule.
d. en déchargeant son cœur.

4. On voit l'avis « Ne pas se pencher au dehors »

a. sur la Tour Eiffel.
b. dans un restaurant.
c. sur la route.
d. dans un train.

5. C'est la première fois que vous parlez français?

a. ça n'est déjà pas si mal.
b. c'est en dehors de la question.
c. je ne peux me défendre de sourire.
d. je ne sais sur quel pied danser.

6. Comme il avait soif

a. il a changé de train.
b. il a voyagé dans le monde.
c. il a demandé une bouteille de vin au garçon.
d. il a mangé quelque chose de bon.

B. Remplacez les tirets par le mots qui conviennent:

1. Quand il est arrivé à la frontière on - - - - .
2. On mange - - - - et on boit - - - - .
3. Ce voyageur connaît beaucoup de pays étrangers parce qu'il a - - - - .
4. Comme elle avait soif elle - - - - un restaurant et elle a demandé - - - - garçon.
5. Nous avons juste assez d'argent pour aujourd'hui mais - - - - demain?
6. Ça coûte dans les mille francs? Eh bien, voilà - - - - ! Nous ne pouvons pas l'acheter.
7. Vous ne pouvez aller directement de Paris à Marseille. Il faut - - - - à Lyon.
8. Un enfant - - - - douze ans accompagné - - - - sa mère se promenait au bord - - - - .
9. « Coucher à la belle étoile » veut dire - - - - .
10. - - - - occasion il y eut trois hommes - - - - tués.
11. J'en ai pour cinq minutes: ça veut dire que je serai - - - - .
12. Ma mère fait de la bonne cuisine et ce soir elle nous donne à manger - - - - .
13. Vous écrivez très bien et si j'étais vous je vivrais - - - - .
14. C'est un coq-a-l'âne que je lui ai raconté mais comme il est très bête je l'ai - - - - .

14 (demi-devenir)

A. *Étudiez et choisissez:*

1. « Elles marchent bras dessus bras dessous » veut dire:

   a. elles vont au marché pour acheter des vêtements de dessous.
   b. elles ont les bras longs.
   c. elles ont le bras long.
   d. elles marchent en se tenant le bras.

2. « Je vous offre le dessus du panier » veut dire:

   a. je vous offre ce que j'ai de meilleur.
   b. je vous offre la croûte du pain.
   c. je commence à avoir le dessus.
   d. je n'ai rien dans mon panier.

3. J'ai une dent contre cet homme parce qu'il

   a. est dentiste.
   b. a toujours le dernier mot.
   c. a les dents longues.
   d. a mal aux dents.

4. Je sais qu'il est arrivé il y a une demi-heure parce que

   a. je suis ici depuis une heure et demie.
   b. j'habite au deuxième étage.
   c. je ne fais pas les choses à demi.
   d. il a pris les devants.

5. Après avoir travaillé toute la journée les élèves

   a. gagnent les devants.
   b. sont devenus fous.
   c. sont sur le dents.
   d. sont les derniers des derniers.

6. En voyant que le maître était en train de travailler je lui ai dit:

   a. dépêchez-vous!
   b. ne vous dérangez pas!
   c. c'est à devenir fou!
   d. tout le monde descend!

B. *Trouvez les questions qui amèneraient les réponses suivantes:*

1. Dans une demi-heure.
2. A une heure et demie.
3. Non, je l'ai fait la semaine dernière.

4. Parce que j'ai mal aux dents.
5. Elle est professeur.
6. Il est en prison.
7. Je vais la voir tous les deux jours.
8. Parce que je n'ai pas faim.
9. Mais si, allez-vous-en!
10. Je suis descendu du train.
11. Je suis ici depuis deux jours.
12. Nous apprenons le français depuis cinq ans.
13. Nous étions à Paris depuis deux mois quand la guerre a éclaté.
14. J'ai dépensé un argent fou.

C. *Remplacez les tirets par les mots qui conviennent:*

1. Nous avons un appartement au deuxième - - - - .
2. Vous voulez aller à la gare? Eh bien, marchez - - - - .
3. J'ai mis le professeur en colère et il m'a - - - - .
4. Nous nous battions depuis dix minutes et je commençais à - - - - quand notre mère est entrée.
5. Quand j'étais à Paris je - - - - l'Hôtel Madison.
6. - - - - vous! Nous allons être en retard.
7. Il a ri - - - - quand je lui ai raconté cette histoire.
8. C'est l'heure du déjeuner et nous n'avons - - - - .
9. J'ai - - - - lui parce qu'il a mangé tous mes bonbons.
10. Je crois qu'elle pourrait avoir quarante ou cinquante ans; en tout cas c'est une femme - - - - .

15 (devoir-dos)

A. *Étudiez et choisissez:*

1. Il n'était pas là parce qu'il

   a. devrait partir à midi.
   b. aurait dû partir à midi.
   c. avait dû partir à midi.
   d. devait partir à midi.

2. « Cela ne me dit rien » veut dire:

   a. je ne comprends pas cela.
   b. cela ne se dit pas.
   c. que veut dire cela?
   d. cela ne m'intéresse pas.

3. « J'ai dormi à poings fermés » veut dire:

   a. je n'ai dormi que d'un œil.
   b. j'ai dormi debout
   c. j'ai passé une nuit blanche.
   d. j'ai dormi toute la nuit.

4. En traversant la rue je suis tombé devant un camion:

   a. j'ai été à deux doigts de la mort.
   b. j'ai donné dedans.
   c. j'ai donné de la tête contre un mur.
   d. j'ai donné les cartes.

5. Le professeur m'a puni car

   a. je le savais sur le bout du doigt.
   b. Dieu sait si j'ai travaillé.
   c. je n'avais pas fait mes devoirs.
   d. je lui ai donné raison.

6. Vous n'avez choisi ni l'un ni l'autre? Je vois que

   a. les temps sont difficiles.
   b. vous faites le difficile.
   c. vous êtes difficile à vivre.
   d. vous êtes par trop difficile.

B. *Remplacez les tirets par* je dois, je devais, j'ai dû, je devrais *ou* j'aurais dû:

1. Je ne veux pas fumer parce que - - - - chanter à l'Opéra ce soir.
2. Comme - - - - partir à deux heures j'ai déjeuné à midi.
3. Je - - - - partir aujourd'hui mais je resterai jusqu'à demain quand même.
4. J' - - - - aller voir ma mère mais je ne l'ai pas fait parce que - - - - finir mon travail.

C. *Trouvez les questions qui amèneraient les réponses suivantes:*

1. Je lui donne vingt ans.
2. Non, je n'ai dormi que d'un œil.
3. Ce mot veut dire « professeur ».
4. On dira que vous avez fait votre devoir.
5. A Dieu ne plaise!

D. *Remplacez les tirets par les mots qui conviennent:*

1. Vous devrez dîner tout seul parce que je - - - - ce soir.
2. Nous avons réussi à le sauver, - - - - !
3. - - - - ce mot? Cela ne - - - - en français.

4. Au - - - - des professeurs cet élève est très intelligent.
5. J'ai - - - - contre le mur.
6. Je l'ai appris par cœur et maintenant je le sais - - - - .
7. Il a obéi tout de suite; il ne - - - - deux fois.
8. Mais - - - - ! Vous parlez trop!
9. Ce n'est pas cher; au contraire c'est - - - - .
10. Ce matin je ne me suis levé qu'à dix heures; j'ai dormi - - - - .

16 (double-ensemble)

A. *Étudiez et choisissez:*

1. Le maître a puni cet enfant quand

   a. il a travaillé dur.
   b. il lui a fait la courte échelle
   c. il a fait l'école buissonnière.
   d. il n'a pu s'empêcher de rire.

2. Parlez plus haut s'il vous plaît parce que

   a. je suis complètement sourd.
   b. je suis monté à l'échelle.
   c. j'écoute de toutes mes oreilles.
   d. je suis dur d'oreille.

3. Quand les Anglais conduisent leur auto en France ils oublient souvent de

   a. tenir la gauche.
   b. aller tout droit.
   c. écrire à la machine.
   d. tenir la droite.

4. « J'ai fait coup double » veut dire:

   a. j'ai fait d'une pierre deux coups
   b. j'ai entendu le coucou.
   c. j'ai bu deux verres de vin.
   d. j'ai tiré deux coups de fusil.

5. « Nous sommes dans de beaux draps » veut dire:

   a. nous avons un lit confortable.
   b. nous avons bu trop de whisky.
   c. nous avons acheté de jolis rideaux.
   d. nous sommes dans une mauvaise situation.

6. Mon frère est sous les drapeaux; ça veut dire

a. qu'il est mort.
b. qu'il est soldat.
c. qu'il est scout.
d. qu'il n'a pas d'argent.

B. *Remplacez les tirets par les mots qui conviennent:*

1. La mer est très mauvaise mais il - - - - .
2. Les enfants vont à - - - - à six ans.
3. Vous ne pouvez y aller à pied; je vais - - - - auto.
4. Après le repas il faut - - - - .
5. Je vous l'ai dit plusieurs fois et je vais vous le dire - - - - .
6. Garçon! - - - - un verre de vin, s'il vous plaît.
7. Quand il s'est rangé - - - - il s'est - - - - soldat.
8. Il ne faut prendre ni à gauche ni à droite; il faut - - - - .
9. - - - - ! vous allez vous casser le cou!
10. Mmm! ce vin est délicieux! cela me fait - - - - .
11. Qu'il fait chaud! Je suis tout - - - - .
12. Je n'ai pas de - - - - donc je ne peux pas écrire à la machine.
13. Je déteste cet homme! le - - - - !
14. Combien de fils avez-vous? J' - - - - cinq.

C. *Trouvez les questions qui amèneraient les réponses suivantes:*

1. J'ai réussi en travaillant dur.
2. Pas encore.
3. Non merci, j'ai déjà mangé assez de pommes.
4. J'en ai cinq.
5. Non, je vais en France.
6. Mais si, j'en viens.
7. Je vous emmène à la ville.
8. Quelle drôle d'idée.

17 (entendre-expliquer)

A. *Étudiez et choisissez:*

1. « Il a l'esprit de l'escalier » veut dire:

a. il monte l'escalier en courant.
b. il a descendu l'escalier quatre à quatre.
c. il trouve trop tard ce qu'il aurait fallu dire.
d. il a des ambitions.

2. Où en sommes-nous?

a. nous sommes en Angleterre.
b. nous en sommes à la page 146
c. nous sommes vos élèves.
d. nous en sommes pour notre peine.

3. Elle n'est ni belle ni laide mais

a. entre les deux.
b. je ne m'explique pas pourquoi.
c. il n'en est rien.
d. ainsi soit-il.

4. Cet homme m'a mis dedans je ne sais combien de fois:

a. j'ai envie de rire.
b. il n'en est rien!
c. il est de mes amis.
d. c'en est trop!

5. « Ils sont allés à l'étranger » veut dire:

a. ils n'ont pas d'amis.
b. ils l'ont envoyé promener.
c. ils sont allés à un autre pays.
d. ils se sont approchés de cet homme qu'ils ne connaissaient pas.

6. Vous cherchez votre ami parmi cette foule de gens? Autant vaut

a. tirer votre épingle du jeu.
b. chercher une épingle dans une meule de foin.
c. aller à l'étranger.
d. faire le difficile.

B. *Remplacez les tirets par les mots qui conviennent:*

1. Je n'ai jamais vu le Tadj Mahall mais j' - - - - parler.
2. Pendant la guerre il est tombé - - - - ennemi,
3. Il est entré - - - - maison à six heures.
4. J'ai gagné un million de francs à la loterie nationale; je suis né - - - - !
5. Cela m'étonne que - - - - .
6. Il ne vit plus en Angleterre; il est allé - - - - .
7. Cet élève a réussi à son examen mais je - - - - pourquoi; il est très bête.
8. Pourquoi as-tu déchiré cette lettre que j'ai écrite? J'ai mis toute la matinée à l'écrire et maintenant j'en suis - - - - .
9. - - - - une jeune fille qui s'appelait Cendrillon.

10. Cet homme est très drôle; chaque fois que je le vois j'ai ---- rire.
11. Je ---- envie parce qu'il est très riche.
12. Combien ---- vous parlent français?

C. *Écrivez au passé composé:*

1. Ils tombent entre les mains de l'ennemi.
2. Il descend du train.
3. Il descend l'escalier quatre à quatre.
4. Elle va à l'étranger.
5. Nous montons à l'échelle.
6. Je monte l'escalier.
7. Ils entrent en courant.

18 (en face de-fer)

A. *Étudiez et choisissez:*

1. Je ne sais si ma mère est dans la maison parce que

   a. j'ai fait fausse route.
   b. cela tient de famille.
   c. je ne fais que d'arriver.
   d. je ne suis arrivé qu'hier.

2. Quand le médecin est arrivé il a dit que l'enfant

   a. faisait le malade.
   b. faisait l'école buissonnière.
   c. en était pour sa peine.
   d. ne faisait que manger.

3. Je l'ai arrangé de la belle façon quand

   a. je l'ai arrangé confortablement.
   b. je n'ai fait que le toucher.
   c. j'ai bien arrangé ma chambre.
   d. je l'ai déchiré à belles dents.

4. Jean étudie à l'université de Grenoble où il

   a. fait son droit.
   b. va droit au fait.
   c. fait lourd.
   d. n'a que faire de cela.

5. Il était en train de voler la banque

   a. mais il n'en était pas à son coup d'essai.
   b. mais il lui a fallu trois jours pour le faire.
   c. quand un agent l'a pris sur le fait.
   d. quand un employé l'a arrangé de la belle façon.

6. Nous nous sommes bouché les oreilles parce que (qu')

   a. ça sonnait faux.
   b. cela sentait mauvais.
   c. elle faisait un faux pas.
   d. elle chantait faux.

B. *Remplacez les tirets par les mots qui conviennent:*

1. Je me suis - - - - cette robe parce que je n'aime pas les vêtements - - - - .
2. N'y allez pas par quatre chemins! Allez - - - - s'il vous plaît.
3. Un homme - - - - ne se conduit jamais mal.
4. Comme mon père et mes frères, je suis très beau; cela - - - - famille.
5. J'ai fait un - - - - et tout le monde s'est moqué de moi.
6. Nous avons dépensé tout notre argent! - - - - ?
7. Ma nouvelle auto roule très vite; j'ai fait du - - - - sur la route nationale.
8. Cette soupe sent mauvais? Eh bien, jetez-la - - - - .
9. Quand il y a un orage il fait - - - - .
10. En été il - - - - et en hiver il - - - - .
11. Quand il était sur la glace il est tombé - - - - .
12. Non, sa maison n'est pas contre la mienne; elle est - - - - .

C. *Trouvez les questions qui amèneraient les réponses suivantes:*

1. Non, mais j'ai très soif.
2. En aucune facon!
3. Oui, je me suis fait des amis.
4. Il se fait tard.
5. Il m'a fallu trois jours pour le faire.
6. Il fait mauvais.
7. Rien n'y fait.
8. Parce que je veux le faire à ma façon.

19 (fermer-fumer)

A. *Étudiez et choisissez:*

1. « C'est une bonne fourchette » veut dire:
   a. c'est un bon jardinier.
   b. c'est une belle auto.
   c. il travaille dur.
   d. il mange beaucoup.
2. Ouvrons une bouteille de champagne parce que
   a. cela vous fermera la bouche.
   b. je veux prendre le frais.
   c. ce n'est pas tous les jours fête.
   d. plus on est de fous plus on rit.
3. Je me promène dehors parce que
   a. je suis au bout du fil.
   b. c'est jour de fête.
   c. cela me laisse froid.
   d. je veux prendre le frais.
4. Je parle en connaissance de cause parce que
   a. je le connais à fond.
   b. j'ai gagné un argent fou.
   c. je suis à bout de forces.
   d. j'ai le filet.
5. Ma mère et ma femme m'ont arrangé de la belle façon toutes les deux; c'est dire que (qu')
   a. elles m'ont couvert de fleurs.
   b. je suis entre deux feux.
   c. il fait frais chez nous ce matin.
   d. c'est plus fort que moi.
6. « Ils ont mis du foin dans leurs bottes » veut dire:
   a. ils ont froid aux pieds.
   b. ils cherchent une épingle dans une botte de foin.
   c. ils ont mis quelque chose de côté.
   d. ils ont de beaux souliers.

B. *Remplacez les phrases suivantes par des idiotismes:*

1. Il m'a forcé à me taire.
2. Qui vous téléphonait?
3. Si on veut arriver à un résultat il ne faut pas reculer devant les moyens qui le permettent.

4. Il fait exactement comme son père.
5. Il est mort jeune.
6. Il a réussi quelque chose de très difficile.
7. Il mange beaucoup.
8. Elle se mit à pleurer.

C. *Remplacez les tirets par les mots qui conviennent:*

1. Je n'aime pas les chemises bleu clair; achetez-moi plutôt des chemises - - - - .
2. Nous ne pouvons faire du ski ce matin parce que - - - - pendant la nuit.
3. Si vous ne vous taisez-pas je vous - - - - !
4. Ah! on - - - - ! Ouvrez la porte!
5. Je suis très bête? Vous avez le - - - - de me dire cela?
6. Il fait chaud ici. Je vais - - - - .
7. Je suis - - - - de cette jeune fille; je vais me marier avec elle.
8. Je suis monté dans une voiture de 2ᵉ classe et j'ai mis ma valise - - - - .
9. Le médecin m'a défendu de me lever parce que j'ai - - - - .
10. Elle ne s'est jamais mariée; c'est une - - - - .

20 (gagner-histoire)

A. *Étudiez et choisissez:*

1. Pour rompre la glace

   a. il a pris un marteau.
   b. elle est très laide et elle s'est regardée dans la glace.
   c. il a été très gauche.
   d. il m'a offert une cigarette.

2. Cette jeune fille grimpe aux arbres et joue au football;

   a. c'est un garçon manqué.
   b. elle gagne tous les cœurs.
   c. elle est très gauche.
   d. elle fait des histoires.

3. D'abord je n'aimais pas cet homme mais

   a. il m'a regardé de haut en bas.
   b. il gagne à être connu.
   c. je ne me suis pas gêné pour le lui dire.
   d. il n'est pas né d'hier.

4. « Garder une poire pour la soif » veut dire:

   a. dépenser un argent fou.
   b. cultiver son jardin.
   c. mettre quelque chose de côté.
   d. boire comme un trou.

5. Il est grand temps de partir parce que (qu')

   a. nous allons arriver trop tôt.
   b. il fait grand jour et nous avons un long voyage à faire.
   c. il est à l'heure.
   d. nous nous sommes levés de bonne heure.

6. A la bonne heure!

   a. il est arrivé en retard.
   b. nous avons gagné la course!
   c. comme tu es gentil !
   d. c'est toujours la même histoire!

B. *Trouvez les questions qui amèneraient les réponses suivantes:*

1. Non, elle était assise à ma droite.
2. Il est trois heures et demie.
3. Non, ils étaient debout.
4. Non, ça ne me gêne pas du tout.
5. Oui, mes souliers me gênent.
6. Quand je serai grand j'irai à l'université.

C. *Remplacez les tirets par les mots qui conviennent:*

1. J'ai gagné 1000 francs au Casino ce soir. Je suis - - - - .
2. Tout ça c'est des histoires! Je ne suis pas né - - - - .
3. Ton ami ne doit pas être tres loin d'ici parce que je l'ai vu - - - - .
4. Je suis un peu dur d'oreille. Parlez - - - - s'il vous plaît.
5. A - - - - la plage est entièrement couverte d'eau.
6. Autrefois je jouais très bien - - - - piano mais - - - - .
7. Je vous invite à dîner chez moi demain et je serais - - - - .
8. Pendant que les enfants se baignaient, les - - - - se reposaient sur la plage.
9. Tu es très méchant! C'est un - - - - que tu viens de dire.
10. Après avoir traversé tout le pays nous avons enfin - - - - .
11. Le médecin m'a ordonné de - - - - parce que j'ai de la fièvre. Je crois qu'il me faudra - - - - pendant huit jours au moins.
12. Je vous reverrai bientôt. - - - - Oui, à - - - - .

21 (homme-juste)

A. *Étudiez et choisissez:*

1. Vous avez beau jeu!

   a. vous jouez très bien.
   b. le maître nous a tourné le dos.
   c. ce n'est pas le jeu.
   d. vous avez les yeux bleus.

2. Quand on a crié «au feu!»

   a. il s'est jeté à bas de son lit.
   b. il a jeté son argent par les fenêtres.
   c. il a pris ses jambes à son cou.
   d. il s'est fait jeu de cela.

3. Il prend le chemin de l'hôpital

   a. parce qu'il est malade.
   b. parce qu'il jette son argent par les fenêtres.
   c. parce qu'il est médecin.
   d. parce qu'il vit au jour le jour.

4. La femme de journée

   a. voyage beaucoup.
   b. voyage à petites journées.
   c. est dans mon jour.
   d. travaille à la journée.

5. « Il vit au jour le jour » veut dire:

   a. il n'a plus qu'un jour à vivre.
   b. il ne s'occupe pas de ce qui arrivera le lendemain.
   c. c'est aujourd'hui sa fête.
   d. il est né le premier janvier.

6. Il est pendu aux jupes de sa mère

   a. il ne quitte jamais sa mère.
   b. il a mis sa mère en colère.
   c. sa mère ne l'aime pas.
   d. il n'aime pas sa mère.

B. *Trouvez les questions qui amèneraient les réponses suivantes:*

1. Si, je joue au football.
2. Je vais prendre le plat du jour.
3. Quelle idée!
4. Oui, je m'y intéresse.
5. J'ai mis cinq heures à voyager depuis Londres jusqu'a Paris.

6. Non, c'est faux.
7. Il est trois heures juste.

C. *Remplacez les tirets par les mots qui conviennent:*

1. Ma sœur joue - - - - piano, mon frère joue - - - - football et mes parents jouent - - - - cartes.
2. Nous allons jouer - - - - pièce de théâtre.
3. Il a mal aux dents mais il - - - - .
4. Il a ri - - - - quand on lui a dit qu'il était ruiné.
5. Mais non! Il ne faut jamais faire cela! - - - - !
6. Au restaurant j'ai choisi - - - - parce que c'était moins cher que les autres plats.
7. Les Anglais habitent - - - - .
8. Passez - - - -, s'il vous plaît. Vous ne pouvez passer par là.
9. J'ai - - - - idée qu'ils ont été tués jusqu'au dernier.
10. Je ne lis jamais le journal mais tous les soirs j'écoute - - - - à la radio.
11. Assieds-toi donc! Je ne peux pas lire mon livre parce que tu es dans - - - - .
12. A quoi vous intéressez-vous? Moi, je m' - - - - peinture et mon frère s'- - - - sport.

22 (kilo-ligne)

A. *Étudiez et choisissez:*

1. Quand tu seras arrivé à Cherbourg

   a. prends le large.
   b. écris-le en toutes lettres.
   c. écris-moi deux lignes.
   d. frappe à la porte.

2. « Il a la langue bien pendue » veut dire:

   a. il a avalé sa langue.
   b. il parle beaucoup.
   c. il a donné sa langue au chat.
   d. c'est une mauvaise langue.

3. Je vois que tu t'es levé du pied gauche car

   a. tu ne souris pas ce matin.
   b. tu as mal au pied droit.
   c. tu as le sommeil léger.
   d. tu es tombé les quatre fers en l'air.

4. Quand je dis qu'elle est devenue folle il ne faut pas

   a. parler en toute liberté.
   b. prendre le large.
   c. demander ce que j'entends par là.
   d. me prendre au pied de la lettre.

5. Vous avez fait tant de bruit que vous m'avez empêché de dormir. N'oubliez pas

   a. que je suis un gros légume.
   b. que vous avez pris des libertés avec moi.
   c. que j'ai le sommeil léger.
   d. qu'il ne faut pas se laisser aller.

6. « Le bateau est resté au large » veut dire:

   a. le bateau est resté loin de la côte.
   b. c'est un grand bateau.
   c. le bateau donne le mal de mer.
   d. le bateau a coulé.

B. *Remplacez les tirets par les mots qui conviennent:*

1. Le médecin m'a dit: « - - - - le bec et - - - -! »
2. Je crois que cet homme m'a reconnu car il m'a lancé - - - - en passant.
3. Lave-toi les mains et brosse-toi les cheveux! Il ne faut - - - - .
4. «Être ou ne pas être, c'est - - - - ». (Hamlet)
5. Nous étions au - - - - Cherbourg et nos - - - - à la ligne.
6. Oh là, là! Il a - - - - et tous les œufs ont été cassés.
7. Au collège nous étudions les - - - - .
8. Cet enfant refuse de parler; il a - - - - .
9. Le maître dit que mon devoir laisse - - - - .
10. Va t'en et - - - - tranquille!
11. Le coq chante au - - - - .
12. Victor Hugo était - - - - .
13. Les pommes de terre coûtent - - - .
14. Quand je - - - - j'irai au cinéma.

C. *Écrivez des phrases en employant les mots:* là-dedans, là-dessus, là-dessous, là-haut et là-bas.

23 (lire-mal)

A. *Étudiez et choisissez:*

1. « Il est dans la lune » veut dire:

   a. c'est un astronaute.
   b. c'est un fou.
   c. il vit dans un rêve.
   d. il se promène au clair de lune.

2. « J'ai maigri de vingt livres » veut dire:

   a. je pèse vingt livres de plus.
   b. je pèse vingt livres de moins.
   c. c'est un maigre repas.
   d. j'ai vingt livres de Simenon.

3. Il y a vingt ans que je vis à l'étranger et maintenant

   a. j'ai le mal du pays.
   b. j'ai mal au cœur.
   c. je veux revoir mon pays.
   d. je suis de la maison.

4. « Vous n'y allez pas de main morte » veut dire:

   a. vous avez perdu la main.
   b. mettez vos gants parce qu'il fait froid.
   c. vous avez tout le temps l'argent à la main.
   d. vous ne faites pas les choses à demi.

5. Quand je traverse la Manche j'ai souvent

   a. mal à la gorge.
   b. un maigre repas.
   c. le mal du pays.
   d. le mal de mer.

6. Il parle en connaissance de cause parce qu'il

   a. en sait long.
   b. a appris les lois du jeu.
   c. a son métier en main.
   d. n'en peut mais.

B. *Remplacez les tirets par les mots qui conviennent:*

1. Faites attention! Vous me - - - - !
2. Je lui ai demandé de réparer ma montre et il l'a fait - - - - .
3. Où sont mes lunettes! Je n'arrive pas à - - - - .
4. Cet homme est très utile; c'est un homme - - - - .
5. Quand ils se sont rencontrés ils se - - - - .

6. Je n'ai presque rien mangé cette semaine et j'ai - - - - .
7. Autrefois le vendredi était, pour les catholiques, un - - - - .
8. Quand je suis tombé je ne - - - - .
9. Nous ne faisons que d'arriver dans ce village et nous cherchons une maison - - - - .
10. Mon oncle m'a promis de me donner 20,000 francs mais - - - - .

C. *Trouvez les questions qui amèneraient les réponses suivantes:*

1. Non, j'ai mal à l'estomac.
2. Oui, je me suis fait mal.
3. Parce que j'ai le mal du pays.
4. Vous demandez la lune!
5. Il est tombé dans la rivière.
6. Cette table a six pieds de long.
7. Oui, j'ai beaucoup lu.
8. Parce qu'elle avait mal à la tête.

24 (mal (adverbe) - méchant)

A. *Étudiez et choisissez:*

1. Nous sommes manche à manche et maintenant

   a. jouons la belle!
   b. traversons la Manche!
   c. ça c'est une autre paire de manches.
   d. nous avons très faim.

2. Il écrivait tous les jours à sa mère

   a. parce qu'elle lui manquait.
   b. parce qu'il lui manquait.
   c. parce qu'il ne manquait pas de lui écrire.
   d. parce qu'il ne manquait pas de papier.

3. C'est mauvais pour la santé

   a. si l'on est né sous une mauvaise étoile.
   b. si l'on marche un peu tous les matins.
   c. si l'on manque de pain.
   d. si l'on fume trop.

4. « Il l'a fait tant bien que mal » veut dire:

   a. il ne l'a fait ni bien ni mal.
   b. il aime bien sa tante malade.
   c. il l'a mieux fait cette fois-ci.
   d. il y a une grande différence entre le bien et le mal.

5. Mon oncle favori, qui était très riche et n'avait ni femme ni enfants, vient de mourir. Il a laissé de grands biens.

   a. c'est bien malheureux pour moi!
   b. un malheur ne vient jamais seul!
   c. à quelque chose malheur est bon!
   d. à la bonne heure!

6. Nous voulons rester dans cette maison parce que

   a. nous voulons faire bouillir la marmite.
   b. ça ne sent pas mauvais.
   c. nous pouvons coucher à la belle étoile.
   d. nous ne sommes pas mal ici.

B. *Remplacez les tirets par les mots qui conviennent:*

1. N'entrez pas dans ce jardin! ne voyez-vous pas l'avis qui dit: «- - - -»!
2. Quand nous traversions la Manche la mer était - - - - et j'ai eu le - - - - .
3. Donnez de l'argent à ce pauvre! Il faut - - - - .
4. Ne les invitez pas tous les deux au même déjeuner parce qu'ils sont - - - - .
5. Moi j'ai traversé l'Atlantique dans un bateau mais mon frère veut le traverser à la nage et ça c'est - - - - .
6. Son oncle aime se lever - - - - .
7. Cette femme est très méchante; n'écoutez pas les bruits qu'elle - - - - parce que c'est une - - - - .
8. J'ai été malade pendant quinze jours et maintenant, par - - - - , je me suis cassé la jambe. Il ne manquait - - - - .
9. Sa femme vient de mourir, il a perdu tout son argent et il est tombé malade. Un malheur - - - - !
10. Il y avait - - - - gens dans la rue.

C. *Trouvez les questions qui amèneraient les réponses suivantes:*

1. Je me suis levé de très bon matin.
2. Non, je me suis marié avec Jeanne.
3. Oui, ça marche très bien, merci.
4. Au contraire, cette viande est bon marché.
5. Parce que je vais mal.
6. Parce que j'ai une dent malade.
7. Si, j'ai donné à manger aux poules.
8. Oui, vous me manquez.

25 (meilleur-mille)

A. *Étudiez et choisissez:*

1. Nous avons bu à même la bouteille

   a. parce qu'il n'y avait qu'une bouteille.
   b. parce que nous avions soif tous les deux en même temps.
   c. parce que nous étions à même de le faire.
   d. parce que nous n'avions pas de verres.

2. Je n'aurais pas dû dire cela donc

   a. mettez que je n'ai rien dit.
   b. mettez-moi à la porte.
   c. mettons que j'aie raison.
   d. c'est on ne peut mieux.

3. Avec son bâton, le chef d'orchestre

   a. garde la mesure.
   b. bat la mesure.
   c. bat l'orchestre.
   d. prend la mesure des musiciens.

4. Cela ne vous regarde pas!

   a. mêlez-vous de vos affaires!
   b. ne cherchez pas midi à quatorze heures!
   c. il faut garder la mesure.
   d. le meilleur est de vous en aller.

5. Vous m'avez dit de ne pas venir mais

   a. j'y mettrai tous mes soins
   b. cela revient au même.
   c. je ne demande pas mieux.
   d. je viendrai quand même.

6. « Le mieux est l'ennemi du bien » veut dire:

   a. il faut pardonner à ses ennemis.
   b. faute de mieux on peut faire cela.
   c. en voulant faire mieux on fait souvent plus mal.
   d. il ne faut pas demander la lune.

B. *Trouvez les questions qui amèneraient les réponses suivantes:*

1. Il y en avait mille.
2. Ma mère va mieux aujourd'hui.
3. Il est midi.
4. Le temps se met au beau.
5. J'ai mis deux heures à le faire.

6. Grand merci!
7. Parce que je me suis levé tard.
8. Non, cette fenêtre donne sur le midi.

C. *Remplacez les tirets par les mots qui conviennent:*

1. Cannes est une jolie ville située - - - - .
2. Ce que vous avez fait est très bon; c'est - - - - .
3. Vous devez être très fatigué; il faut vous - - - - .
4. Vous pouvez compter sur moi; j'y - - - - .
5. Après avoir mis ses vêtements de dessous, elle mit ses - - - -, ses - - - - et sa - - - - et puis elle sortit.
6. A - - - - que je reculais il - - - - .
7. Même si - - - - je n'en dirais rien.
8. Il a fait très mauvais ce matin, mais cet après-midi il - - - - .
9. Il est très riche; il a des - - - - .
10. Je vous l'ai répété - - - - .

26 (moi-mot)

A. *Étudiez et choisissez:*

1. « Avez-vous la monnaie de 100 francs? » veut dire:

   a. pouvez-vous me prêter 100 francs?
   b. avez-vous de l'argent? J'ai besoin de 100 francs.
   c. avez-vous 100 pièces d'un franc?
   d. pouvez-vous me rendre des petits billets et des pièces pour ce billet de 100 francs?

2. Le petit Jean dit: « Ça mord! » De quoi s'agit-il ?

   a. un chien méchant.
   b. un poisson.
   c. un morceau.
   d. une dent.

3. « Elle est morte de sa belle mort » veut dire:

   a. elle est morte de vieillesse.
   b. elle a péri de mort violente.
   c. elle s'est donné la mort.
   d. elle est morte avant l'âge.

4. Je n'ai pas le temps de m'occuper de vous parce que

   a. j'attends du monde.
   b. j'attends quelqu'un de l'autre monde.
   c. je suis encore de ce monde.
   d. je me moque de vous.

5. Ma moitié est montée comme une soupe au lait quand

   a. je me suis moqué d'elle.
   b. elle a mangé un morceau.
   c. elle est montée à la Tour Eiffel.
   d. je lui ai rendu la monnaie de sa pièce.

6. «Je m'en mords les doigts» veut dire:

   a. je n'ai pas de ciseaux.
   b. je regrette beaucoup ce que j'ai fait.
   c. j'ai très froid.
   d. je me mords les poings d'impatience.

B. *Trouvez les questions qui amèneraient les réponses suivantes:*

1. Au contraire, elle est descendue du train.
2. Pas le moins du monde.
3. Ce livre est à moi.
4. Oui, il les a montés.
5. Parce que l'ascenseur (lift) ne marchait pas.
6. Non, je n'ai que ce billet de 1000 francs.
7. Non, je ne me moque pas de toi.

C. *Remplacez les tirets par les mots qui conviennent:*

1. Il s'est moqué de moi et je lui ai rendu - - - - .
2. Quand j'étais à Paris je suis monté - - - - parce que je voulais voir toute la ville.
3. J'ai très faim, je vais - - - - .
4. J'ai promis de lui prêter 100 francs et il m'a pris - - - - .
5. Il y a un éléphant dans le garage? Vous - - - - !
6. Mon professeur m'a arrangé de la belle façon mais je m' - - - - .
7. Avez-vous la - - - - de ce billet de 1000 francs?
8. Je ne suis ni complètement Français ni complètement Anglais; je suis - - - - .
9. Vous arrivez - - - -! Nous venons d'ouvrir une bouteille de champagne.
10. Voici enfin la lettre qu'ils attendent! Je sais qu'ils se - - - - d'impatience.

27 (mouche-nom)

A. *Étudiez et choisissez:*

1. « Qu'est-ce qu'il y de neuf? » veut dire

   a. tu veux manger un œuf?
   b. quatre et cinq font neuf?
   c. quelles nouvelles?
   d. tu es neuf dans ce métier, n'est-ce pas?

2. Cet homme fait le nécessaire;

   a. il met son nez partout.
   b. il se mêle de ses affaires.
   c. nous avons besoin de cet homme.
   d. il fait ce qu'il faut faire.

3. Ce petit garçon se moque de moi car

   a. il m'a ri au nez.
   b. il ne se mouche pas du pied.
   c. il m'a fait un pied de nez.
   d. il m'a donné un coup de pied dans le nez.

4. Revenons à nos moutons;

   a. gardons nos moutons.
   b. mangeons du mouton.
   c. jouons à saute-mouton.
   d. revenons à la chose qui est en question.

5. Un sourd-muet

   a. ne peut ni entendre ni parler.
   b. voit tout en noir.
   c. est muet de colère.
   d. a la langue bien pendue.

6. Je ne peux vous promettre de faire cela

   a. parce qu'il faut employer les grands moyens.
   b. parce qu'il n'y a pas moyen.
   c. parce que je ne suis pas né d'hier.
   d. parce que je vis au-dessus de mes moyens.

B. *Remplacez les tirets par les mots qui conviennent:*

1. Cet homme ménage la chèvre et le chou; il nage - - - -.
2. Regardez donc quel nez - - - - ! Quelle mouche le - - - - .
3. Un pessimiste voit - - - - .
4. Jean n'aime pas le latin? Ni - - - - .
5. Nous pouvons faire du ski aujourd'hui parce qu'il - - - - .

6. Je sais que vous vous appelez Henri mais quel est votre - - - - .
7. Cet homme ne se mouche - - - - et il vit au-dessus - - - - .
8. Il y a longtemps que je n'ai vu ma sœur et je - - - - de la voir.
9. Il pleuvait à torrents depuis deux heures et je suis rentré - - - - .
10. Tout à coup on a fait silence et on aurait entendu - - - - .
11. J'ai beau parler, vous ne m'écoutez point! C'est donner - - - - mur.
12. Les soldats de Napoléon mouraient de - - - - et de - - - - .

C. *Trouvez les questions qui amèneraient les réponses suivantes:*

1. Non, il n'y a pas moyen.
2. Oui, mais je ne veux pas me baigner ce matin.
3. Le roi est mort.
4. Je suis muet de colère parce qu'ils m'ont ri au nez.
5. Parce qu'il n'y avait pas de bateau.

28 (non-ouvrir)

A. *Étudiez et choisissez:*

1. Il n'a pas d'oreille et par conséquent

   a. il est sourd.
   b. il fait la sourde oreille.
   c. il chante faux.
   d. il fait un orage.

2. Ce jeune homme (cette jeune fille) me faisait les yeux doux mais

   a. je lui ai fait signe que non.
   b. il n'y a rien de nouveau.
   c. il (elle) n'a pas l'ombre d'une chance.
   d. il (elle) est dans les nuages.

3. Tu es trempé jusqu'aux os; va chercher

   a. un nouvel habit.
   b. un habit neuf.
   c. un nouvel os.
   d. un œuf à la coque.

4. Vous vous êtes levés de très bon matin: - - - - Oui,

   a. aux tard venus les os.
   b. nous avons dormi sur les deux oreilles.
   c. nous avons reçu les ordres.
   d. cela saute aux yeux.

5. La gare était pleine comme un œuf et j'ai eu de la peine à

   a. ouvrir boutique.
   b. prendre le train onze.
   c. faire signe que non.
   d. m'ouvrir un chemin à travers la foule.

6. Elle a ouvert de grands yeux quand je suis entré;

   a. elle m'a fait les yeux doux.
   b. elle avait les yeux hors de la tête.
   c. elle m'a reçu à bras ouverts.
   d. elle a été étonnée de me voir.

B. *Trouvez les questions qui amèneraient les réponses suivantes:*

1. Ce magasin ouvre de bonne heure.
2. J'ai fait signe que non.
3. Nous en sommes à la deuxième leçon.
4. Cela vient de ce que j'ai passé trois ans dans une école française.
5. Cette nuit il a fait un orage.
6. Je n'ai pas dormi de la nuit.
7. Il n'y a rien de nouveau.
8. Je pense que non.

C. *Remplacez les tirets par les mots qui conviennent.*

1. Cet homme maigrit à vue - - - - ; il n'est plus que - - - - .
2. J'ai acheté ma maison très cher; j'ai payé - - - - .
3. Pour lui montrer que je n'avais pas peur de lui je l'ai regardé - - - - .
4. Le - - - - commence le premier janvier.
5. Elle a ouvert le journal et elle a - - - - .
6. Vous êtes bien le fils de votre père; cela - - - - !
7. Il y aura un grand dîner chez nous ce soir. Maman s'en - - - - car elle a l'œil - - - - .
8. Sortons par ici! Cette porte - - - - .
9. On peut acheter des cigarettes - - - - où.
10. Où- - - -? Nous en sommes à la page 163
11. Papa s'est fait - - - - mais enfin il a fait signe - - - - .
12. Ici - - - - . A la bonne heure! Voici enfin un magasin où nous ne serons pas obligés de parler anglais.

13. Comme nous n'avions ni auto ni bicyclette nous avons pris - - - - .

29 (page-passer)

A. *Étudiez et choisissez:*

1. Il m'a donné un coup de poing et

   a. je l'ai pris en bonne part.
   b. je lui ai demandé pardon.
   c. je lui ai rendu la pareille.
   d. je lui ai donné son paquet.

2. « Nous sommes sur la paille » veut dire:

   a. nous sommes allés au puits pour chercher de l'eau.
   b. nous avons des lits confortables.
   c. nous sommes très pauvres.
   d. nous sommes très riches.

3. Il est à la page parce qu'

   a. il lit beaucoup.
   b. il est moderne.
   c. il connaît la question.
   d. il a fini son livre.

4. Il a sauté le pas et il a

   a. offert sa main à la jeune fille.
   b. traversé le Pas de Calais.
   c. fait un faux pas.
   d. passé un examen.

5. La femme de ménage a travaillé plus que d'habitude ce matin mais

   a. c'est un feu de paille.
   b. je lui ai donné son paquet.
   c. il n'y a que le premier pas qui coûte.
   d. elle ne vaut pas le pain qu'elle mange.

6. Je suis passé chez elle hier soir mais, voyant qu'elle regardait sa montre tout le temps, je suis reparti aussitôt parce que

   a. je l'ai pris en bonne part.
   b. elle a dû en passer par là.
   c. j'ai fait un faux pas.
   d. je sais ce que parler veut dire.

B. *Remplacez les tirets par les mots qui conviennent:*

1. Je ne veux pas vous déranger mais je ne - - - - .
2. Pour arriver à la gare il faut passer - - - - l'église et puis prendre la première à - - - - .
3. Nous allons au théâtre ce soir; voulez-vous être - - - - ?
4. Qui mangera ce morceau de chocolat? Tirons - - - - .
5. Les Anglais disent « bon comme l'or » mais les Français disent « - - - - ».
6. J'ai beaucoup à faire ce matin. Laissez - - - - !
7. « Je suis du même avis que vous » veut dire « je - - - - ».
8. Mon oncle vous montrera Paris, il le connaît - - - - .
9. Mes - - - - sont morts tous les deux et mon oncle François est le seul - - - - qui me reste.
10. Par le froid - - - - nous marchons - - - - .
11. Oui, j'oserais bien lui demander de l'argent parce que je suis - - - - .
12. A - - - - d'aujourd'hui nous mettrons de l'argent - - - - pour les vacances.
13. - - - - le pain s'il vous plaît.
14. Il a fait si mauvais aujourd'hui que je n'ai pas - - - - .

30 (pâte-personne)

A. *Étudiez et choisissez:*

1. Il s'est payé ma tête mais

   a. la prochaine fois ce sera moi qui payerai le coiffeur.
   b. il me le payera.
   c. c'est une bonne pâte d'homme quand même.
   d. je lui ai rendu la pareille.

2. Il a ramassé une pelle

   a. pendant qu'il descendait l'escalier quatre à quatre.
   b. pendant qu'il mettait du charbon dans le poêle.
   c. pendant qu'il faisait un château de sable sur la plage.
   d. pendant qu'il sonnait à la porte.

3. Quand je te dis que je t'ai dans la peau je veux dire que

   a. j'ai une dent contre toi.
   b. je crois que tu es fou.
   c. je pense beaucoup de bien de toi.
   d. je t'aime beaucoup.

4. « Elle est à peindre » veut dire:

   a. elle met du rouge.
   b. elle est très belle.
   c. elle est très laide.
   d. elle me fait de la peine.

5. Que fais-tu à tes heures perdues?

   a. je travaille.
   b. je perds mon temps.
   c. j'ai le mal du pays.
   d. je fais de la peinture.

6. Quand tu n'es pas avec moi

   a. je pense à toi.
   b. je pense beaucoup de bien de toi.
   c. je suis en peine de toi.
   d. j'oublie ton nom.

B. *Exemple:*

Avez-vous payé la bouteille au garçon? – Oui, je la lui ai payée.

Complétez:

Avez-vous payé le pain au boulanger? – Oui, je - - - - .
A-t-elle payé les poissons au marchand? – Oui, elle - - - - .
Ont-ils payé les boîtes de petits pois à l'épicier? – Oui, ils - - - - .
As-tu acheté les légumes au marchand? – Non, je - - - - .
Avez-vous acheté la viande au boucher? – Oui, je - - - - .

C. *Remplacez les tirets par les mots qui conviennent:*

1. Dépêchez-vous! Il n'y a pas - - - - .
2. Il s'est jeté - - - - dans la foule.
3. Ça me fait venir l'eau à la bouche rien que - - - - .
4. Je suis tout seul parce que - - - - arrivé.
5. Quand j'ai vu ce drôle d'homme j'ai pensé - - - - .
6. Il marchait - - - - parce que le trottoir était couvert de glace.
7. Je pensais aller le voir demain mais ce - - - - parce qu'il sera parti en vacances.
8. Je l'ai fait sans - - - - et par conséquent je suis tombé - - - - .

D. *Trouvez les questions qui amèneraient les réponses suivantes:*

1. Non, je n'ai vu personne.
2. Oui, quelqu'un est arrivé.
3. Personne.
4. Oui, son père le lui a permis.
5. Je pense à toi.
6. Je pense que tu n'es ni beau ni intelligent.

31 (peser-plaire)

A. *Étudiez et choisissez:*

1. Le pied m'a manqué et

   a. je me suis sauvé à toutes jambes.
   b. je n'ai pu mettre pied à terre.
   c. j'ai sauté le pas.
   d. j'ai piqué une tête dans la rivière.

2. « Petit à petit l'oiseau fait son nid » veut dire:

   a. aux tard venus les os.
   b. Rome ne s'est pas faite en un jour.
   c. je suis comme l'oiseau sur la branche.
   d. tout chemin mène à Rome.

3. Combien pesez-vous?

   a. très bien, merci.
   b. de 30 à 50 kilos.
   c. six pieds.
   d. 150 kilos.

4. J'ai trop de choses à faire et

   a. je n'ai pas pied ici.
   b. le pied me manque.
   c. je ne peux rester en place.
   d. je ne sais sur quel pied danser.

5. Il a dit que quelqu'un (sans nommer personne) lui doit 100 francs;

   a. ça c'est une pierre dans votre jardin.
   b. mais il s'est peut-être trompé.
   c. et il veut en avoir pour son argent.
   d. mais ça c'est un peu fort.

6. Celui qui a piqué une tête est

   a. un nageur.
   b. un médecin.
   c. un moustique.
   d. une mouche.

B. *Remplacez les tirets par les mots qui conviennent:*

1. L'eau est si profonde que je n'ai pas - - - - .
2. Voici le roi! Faites - - - - !
3. - - - - ? Je n'ai pas entendu ce que vous avez dit.
4. Il n'y a pas besoin de descendre dans un hôtel parce que nous avons un - - - - à Paris.
5. Grand-père est très vieux mais il a - - - - .
6. Le temps - - - - parce qu'il est trop malade pour travailler.
7. Tu ne t'es pas encore levé? Moi je suis - - - - depuis deux heures!
8. - - - - sont capables de traverser le Manche à la nage.
9. Devant le château il y avait - - - - où l'on pouvait pêcher.
10. Mon chef est un homme très dur; il a une pierre - - - - .

C. *Trouvez les questions qui amèneraient les réponses suivantes:*

1. Oui, elle me plaît beaucoup.
2. Trente kilos.
3. Non, je n'ai pas peur.
4. Au contraire, elle est très belle.
5. Peut-être que oui.
6. Ils coûtent cent francs pièce.
7. A Dieu ne plaise!
8. Parce que je ne veux pas y aller à pied.

32 (plaisir-port)

A. *Étudiez et choisissez:*

1. Le point du jour c'est

   a. midi.
   b. le coucher du soleil.
   c. le lever du soleil.
   d. entre chien et loup.

2. Il a dit à l'étranger qu'il n'aimait pas la dame au chapeau rouge, mais il ne savait pas qu'elle était la femme de l'étranger:

   a. il a les pieds plats.
   b. il est tombé à plat ventre.
   c. il marche sur des œufs.
   d. il a mis les pieds dans le plat.

3. Il ne faut jamais acheter chat en poche.

   a. il ne faut jamais réveiller le chat qui dort.
   b. il ne faut jamais acheter une chose sans l'examiner.
   c. à cheval donné on ne regarde pas à la dent.
   d. il faut donner un petit poisson pour en avoir un gros.

4. Enfin, cela prouve que c'est moi qui ai raison et que toi, tu as tort!

   a. mets ça dans ta poche.
   b. il ne faut pas apprendre aux poissons à nager.
   c. tu m'as planté là.
   d. tu me le payeras.

5. Il fait la pluie et le beau temps.

   a. il fait un temps variable.
   b. après la pluie le beau temps.
   c. il parle en maître.
   d. il ne peut pas se décider.

6. Cet homme me méprise (scorns) parce que je suis pauvre, mais il pense beaucoup de bien de mon frère parce qu'il est riche.

   a. c'est un homme de grand poids.
   b. il a deux poids et deux mesures.
   c. il a de l'argent plein les poches.
   d. je partage ses idées.

B. *Remplacez les tirets par les mots qui conviennent:*

1. Le repas coûte 15 francs mais le vin - - - - .
2. Après un voyage dangereux nous sommes arrivés - - - - .
3. Voulez-vous dîner avec moi? – Ça me ferait - - - - .
4. Pourquoi n'êtes-vous pas venu? J'avais bien besoin de vous mais - - - - .
5. Je ne fais que d'arriver à Paris et je ne connais personne ici. Je suis comme - - - - .
6. Nous allons nous arrêter à ce poste d'essence pour - - - - .
7. Donne-moi mon parapluie, le temps - - - - .

8. Tu dis que ce travail est difficile? Chansons que tout cela! C'est tout - - - - .
9. Après six jours en - - - - le bateau est enfin - - - -.
10. Brest est un - - - - .
11. Je n'ai pas encore fait cela mais je suis - - - - .
12. Non, il ne pleut pas très fort mais il - - - - .

C. *Trouvez les questions qui amèneraient les réponses suivantes:*

1. Non, je l'ai déjà fait.
2. Je le connais comme le fond de ma poche.
3. Il a dix ans de plus que moi.
4. Rien de plus, merci.
5. J'ai vu plus de dix hommes.
6. A votre bon plaisir.

33 (porte-prendre)

A. *Étudiez et choisissez:*

1. Il me faut maigrir parce que
   a. je suis en bon point.
   b. je prends du poids.
   c. j'ai laissé pousser ma barbe.
   d. la rivière est prise.
2. Quand les élèves n'apprennent rien
   a. il faut les jeter à la porte.
   b. il faut payer les pots cassés.
   c. il faut s'en prendre au maître.
   d. ils travaillent on ne peut mieux.
3. Ceux qui écoutent aux portes
   a. n'entendent que du mal d'eux-mêmes.
   b. font la sourde oreille à ce qu'ils entendent.
   c. se font tirer l'oreille.
   d. sont de mauvaises langues.
4. J'ai passé une nuit blanche parce que
   a. j'ai dîné à la fortune du pot.
   b. il est tombé de la neige.
   c. je suis dans de beaux draps.
   d. mes enfants m'ont fait un lit en portefeuille.

5. Comme tu es très bête, tu seras le premier de ta classe

   a. du premier coup.
   b. quand les poules auront des dents.
   c. advienne que pourra.
   d. quand tu seras dans la classe de première.

6. L'agent m'a conduit au poste parce que

   a. je voulais mettre une lettre à la poste.
   b. je voulais faire le plein.
   c. j'avais volé de l'argent.
   d. j'en avais pour huit jours.

B. *Remplacez les tirets par les mots qui conviennent:*

1. Le bateau coulait et le capitaine a crié: «- - - - ! »
2. Enfin la mer est devenue moins mauvaise et le bateau a - - - - .
3. Qu'il fait froid! La rivière - - - - .
4. Tu dîneras avec moi ce soir. Je passerai - - - - à huit heures.
5. Je ne peux vous offrir que 50 francs. C'est à - - - - .
6. Ce livre n'est pas à moi. Je l'ai pris - - - - ami.
7. Je ne suis pas venu ici pour m'amuser; je suis ici - - - - .
8. Le menuisier a beaucoup à faire. Il en a - - - - .
9. Cet homme est mon voisin. Nous demeurons - - - - .
10. L'assassin m'a porté - - - - et il m'a laissé - - - - .
11. Je ferai - - - - pour vous aider.
12. Je vous aiderai de - - - - .
13. Il est probable qu'il viendra demain mais il se - - - - ce soir.
14. Je remplis le verre de vin et le - - - - .

C. *Trouvez les questions qui amèneraient les réponses suivantes:*

1. Non, prenez à droite!
2. Parce que je veux prendre l'air.
3. Parce qu'il était sale.
4. Non, nous demeurons au deuxième.
5. Non, je suis contre.
6. Elle est bien portante depuis quelques jours.

34 (préparer-puis)

A. *Étudiez et choisissez:*

1. Je n'ai pas pied ici parce que

   a. cette rivière est prise.
   b. cette rivière est presque pleine.
   c. cette rivière est peu profonde.
   d. cette rivière est très profonde.

2. Quand ma mère s'aperçoit qu'il ne reste rien à manger dans la maison

   a. elle presse un citron.
   b. elle va aux provisions.
   c. elle fait des courses.
   d. elle mange à la fortune du pot.

3. « Il n'y a rien qui presse » veut dire:

   a. nous n'avons pas de citrons.
   b. il faut se dépêcher.
   c. on n'est pas pressé.
   d. le journal n'est pas encore arrivé.

4. « C'est un prêté pour un rendu » veut dire:

   a. on n'a pas prêté attention.
   b. on est prêt à partir.
   c. on lui a rendu la pareille.
   d. c'est hors de prix.

5. C'est un bon commencement mais

   a. vous avez fait des progrès.
   b. une hirondelle ne fait pas le printemps.
   c. cela n'a pas de prix.
   d. qu'est-ce qui vous presse?

6. Ses habits sont toujours propres parce qu'il

   a. brosse son habit tous les jours.
   b. nettoie bien la maison où il habite.
   c. n'a pas de mauvaises habitudes.
   d. y va en personne.

B. *Remplacez les tirets par les mots qui conviennent:*

1. Cette année nous resterons en Angleterre mais - - - - nous irons en France.
2. La semaine - - - - sera la - - - - semaine de nos vacances.

3. Il n'a pas manqué l'oiseau parce qu'il - - - - .
4. Versailles est - - - - Paris mais très - - - - Marseille.
5. Je ne peux pas vous attendre parce que je suis - - - - .
6. Pourquoi dire: « Dépêchez-vous! » Il n' - - - - .
7. J'allais l'aider mais - - - - .
8. Vous avez mangé mon chocolat donc j'ai bu votre vin. C'est un - - - - .
9. Quand elle - - - - dans le jardin public elle - - - - toujours son chien.
10. Ce devoir est meilleur. Vous avez - - - - .
11. Comme il est le premier de sa classe on lui - - - - .
12. Je ne peux pas l'acheter. C'est - - - - .

C. *Trouvez les questions qui amèneraient les réponses suivantes:*

1. Parce qu'il n'y a rien à manger dans la maison.
2. Non, à aucun prix.
3. Oui, mais elles poussent aussi en été.
4. Presque jamais.
5. Ses tableaux se vendent à prix d'or.
6. Non, elle en a pour dix minutes.

35 (quai-quoi)

A. *Étudiez et choisissez:*

1. Qu'il pleuve ou qu'il vente

   a. je n'y irai pas par quatre chemins.
   b. je saurai de quel côté vient le vent.
   c. je quitterai la partie.
   d. je me promènerai quand même.

2. Bien que je sois intelligent

   a. je suis le premier de la classe.
   b. je suis à la queue de la classe.
   c. on m'a donné un prix.
   d. le maître m'a envoyé promener.

3. Vous sortez de la question:

   a. il n'y a pas de quoi.
   b. revenons à nos moutons.
   c. posez-moi une autre question.
   d. rentrez aussitôt.

4. Quand vous me le diriez cent fois

a. je le ferais quand même.
b. je ne me le ferais pas dire deux fois.
c. je ne vous croirais pas.
d. je ne le crois pas.

5. «Il s'est mis en quatre pour vous» veut dire:

a. il n'a rien fait pour vous.
b. il a fait tout ce qu'il a pu pour vous.
c. il a passé un mauvais quart d'heure à cause de vous.
d. il a fait son possible pour vous aider.

6. «Paul et moi, nous habitons le même quartier» veut dire:

a. nous partageons un appartement.
b. nous demeurons porte à porte.
c. nous avons un pied-à-terre.
d. nous habitons la même partie de la ville.

B. *Remplacez les tirets par* quel que, quelle que, quels que, quelles que, quelque, quelques:

1. - - - - soient ses fautes.
2. sous - - - - prétexte que ce soit.
3. - - - - grandes que soient ses fautes.
4. - - - - soient les livres que vous ayez lus.
5. - - - - livres qu'il ait lus.
6. - - - - soit le journal que vous lisiez.
7. Je l'ai vu il y a - - - - jours.
8. Il y a - - - - dix ans.

C. *Trouvez les questions qui amèneraient les réponses suivantes:*

1. Ça, c'est mon chapeau.
2. Je n'ai rien fait.
3. Le français est difficile.
4. C'est un livre d'idiotismes français.
5. Ce sont nos maîtres.
6. Il est onze heures moins le quart.
7. Il vient du nord.
8. Oui, qu'elle entre!
9. Dans un petit quart d'heure.
10. Si, je le ferai quand même.
11. Parce que le train est à quai.
12. C'est à moi.
13. Je pense aux vacances.
14. La table est en bois.

36 (raconter-remplacer)

A. *Etudiez et choisissez:*

1. « La semaine dernière j'ai été reçu à mon examen de français » veut dire:

   a. j'ai passé mon examen.
   b. j'ai réussi.
   c. je n'ai pas réussi.
   d. je me mords les poings d'impatience d'en savoir le résultat.

2. Vous lui avez fait du mal et il vous a rendu la pareille:

   a. il n'y a plus moyen de reculer.
   b. on récolte ce qu'on a semé.
   c. la raison du plus fort est toujours la meilleure.
   d. c'est un prêté pour un rendu.

3. Vous avez cassé la vitre de la salle de classe.

   a. ne recommencez pas!
   b. regardez par la fenêtre!
   c. c'est toujours à recommencer!
   d. c'est rasant!

4. Pendant tout le mois d'août il a plu très fort et

   a. cela a remonté le courage de nos soldats.
   b. je me suis rasé tout le temps.
   c. après la pluie le beau temps.
   d. je suis resté chez moi en raison du mauvais temps.

5. On lui a fait une radio

   a. parce qu'il n'a pas de poste de télévision.
   b. parce que sa mère était très malade.
   c. parce qu'il aime la musique.
   d. parce qu'il s'est cassé le bras.

6. « La raison du plus fort est toujours la meilleure » veut dire:

   a. on donne souvent raison à ceux qui sont forts.
   b. il y a deux poids et deux mesures.
   c. celui qui est le plus fort gagne toujours.
   d. les forts trouvent toujours de bonnes raisons.

B. *Remplacez les tirets par les mots qui conviennent:*

1. Notre père, qui était dans le jardin, a regardé - - - - fenêtre parce qu'il voulait voir si nous étions dans le salon.

2. En - - - - fenêtre nous avons vu que notre père travaillait dans le jardin.
3. Ma vieille montre ne marche plus, donc je l'ai - - - - par une montre neuve.
4. Nous sommes partis en bateau de Londres et nous avons - - - - jusqu'à Oxford.
5. Il était assis devant le feu mais il a - - - - parce qu'il avait chaud.
6. C'est - - - - ! notre voisin joue du piano du matin jusqu'au soir. Tiens! le voilà - - - - ! C'est toujours - - - - !
7. J'aime beaucoup ce jeune homme mais je suis très triste parce qu'il - - - - .
8. À la fin de la classe j'ai - - - - livres.
9. Vous rappelez-vous le jour où vous êtes arrivé ici? Oui, je - - - - cela.
10. Chaque nuit je - - - - ma montre avant de m'endormir.
11. Le bateau - - - - la côte - - - - du mauvais temps.
12. Quand vous écrircz à votre père - - - - souvenir.
13. Moi, j'ai - - - - et toi, tu as tort.
14. - - - - nous une histoire, s'il vous plaît.

37 (remplir-se retrouver)

A. *Étudiez et choisissez:*

1. Ta montre a dix minutes de retard

   a. il faut l'avancer de dix minutes.
   b. il faut la remonter.
   c. il faut la retarder de dix minutes.
   d. il faut la mettre au clou.

2. Il a entendu un bruit derrière lui et

   a. il est retourné chez lui.
   b. cela lui a retourné les sangs.
   c. il n'a pas eu le temps de se retourner.
   d. il s'est retourné pour voir.

3. On les voit toujours ensemble parce que ce sont gens de même farine:

   a. ce sont des boulangers qui travaillent ensemble.
   b. qui se ressemble s'assemble.
   c. ces gens sont tous bons comme le pain.
   d. ce sont des amis qui se retrouvent.

4. Vous remuez tout le temps

   a. restez tranquille!
   b. répondez s'il vous plaît!
   c. laissez-moi respirer!
   d. répondez à ma question!

5. «Jean a retourné sa veste» veut dire:

   a. Jean a toujours la même idée.
   b. Jean a changé d'habits.
   c. Jean a changé d'avis.
   d. Jean n'est pas content de son tailleur parce qu'il a mal fait sa veste.

6. « Je suis absolument rendu » veut dire:

   a. je ne sais sur quel pied danser.
   b. les jambes me rentrent dans le corps.
   c. je suis en retard.
   d. je suis sur les dents.

B. *Remplacez les tirets par les mots qui conviennent:*

1. Je vous - - - - à la gare à dix heures.
2. J'ai - - - - mon ami dans la rue.
3. Il a manqué le train parce qu'il est arrivé - - - - à la gare.
4. Cet enfant est bien le fils de son père; il - - - - son père.
5. Mon ami est complètement guéri; il - - - - la santé.
6. Il reste - - - - si cet élève sera reçu à son examen.
7. J'avais dix francs et j'ai dépensé six francs. Il m' - - - - .
8. Les acteurs - - - - une pièce.
9. Les élèves ne sont plus en vacances, ils sont - - - - .
10. Enfin tu as réussi! Cela me - - - - très heureux.
11. Après sa promenade à la campagne il a - - - - dans le garage et l'a fermé à clef.
12. Après avoir regardé par la fenêtre il a - - - - devant le feu.
13. Nous sommes arrivés en - - - - à la gare mais nous n'avons pas manqué le train parce qu'il a toujours - - - - .
14. Je reconnais bien ta sœur parce que cette photo est - - - - .

A. *Etudiez et choisissez:*

1. La nouvelle court les rues

   a. que je joue au tennis.
   b. comme si de rien n'était.
   c. que le roi est mort.
   d. qu'il a pris l'autobus.

2. Il a ri de moi parce qu'il a mis du sel dans mon café, mais il ne sait pas encore que j'ai mis du savon dans sa bière:

   a. il n'y a pas de quoi rire.
   b. c'est un prêté pour un rendu.
   c. tout vient à point à qui sait attendre.
   d. rira bien qui rira le dernier.

3. Il voit la vie en rose; c'est un

   a. jardinier.
   b. optimiste.
   c. artiste.
   d. pessimiste.

4. Il me croyait déjà parti et quand il m'a vu dans la salle à manger

   a. il n'en revenait pas.
   b. il a ouvert de grands yeux.
   c. il est revenu à lui.
   d. il est revenu sur ses pas.

5. Ce marchand a réussi dans ses affaires et maintenant

   a. il a roulé ses clients.
   b. son visage ne me revient pas.
   c. il roule sur l'or.
   d. il a réussi à payer ce qu'il devait.

6. Est-ce que mon visage vous revient?

   a. Non, votre visage ne me revient pas.
   b. Oui, je me rappelle parfaitement le jour où nous nous sommes rencontrés pour la première fois.
   c. Oui, c'est le rêve! C'est une campagne riante.
   d. Non, il n'y a pas de quoi rire.

B. *Remplacez les tirets par les mots qui conviennent:*

1. Comme elle voulait prendre un bain elle a - - - - .
2. Vous pourriez très facilement acheter cela parce que le

magasin est sur - - - - . Il est situé dans la - - - - .
3. Mon frère a l'air sérieux mais il rit - - - - .
4. Il faut travailler pour gagner son pain parce qu'on ne peut - - - - .
5. Quand je suis en classe je rêve - - - - vacances.
6. Cette nuit j'ai - - - - toi.
7. Il y a longtemps que je ne vous ai vu mais votre visage - - - - .
8. Cet homme-là est dangereux. Son visage - - - - .
9. Je vais très souvent à l'étranger. j'ai roulé - - - - .
10. Les élèves se tenaient - - - - mais le professeur leur dit qu'il n' - - - - rire.
11. J'aurai fini ce devoir en - - - - . J'espère que je l'aurai - - - - .
12. Cette auto est magnifique! C'est le - - - - !
13. Ah! je vous demande pardon! – De - - - - !
14. Ne t'en fais pas! Cela ne - - - - .

C. *Trouvez les questions qui amèneraient les réponses suivantes:*

1. Il n'y a rien à faire.
2. Elle a réveillé son mari à sept heures.
3. Je me suis réveillé à six heures.
4. Non, cela m'a mal réussi.
5. Non, je ne ris pas de toi.

39 (sac-sentir)

A. *Etudiez et choisissez:*

1. C'est un homme de sac et de corde, il
   a. respire la santé.
   b. mérite la corde.
   c. boit sec.
   d. devrait être pendu.
2. Je ne peux pas le sentir parce que (qu')
   a. j'ai très froid.
   b. je me suis bouché le nez.
   c. il sent mauvais.
   d. il est très méchant.
3. « Sens interdit » veut dire:
   a. il ne faut pas y entrer.
   b. il faut aller en sens contraire.
   c. il faut prendre à gauche.
   d. il faut brûler les feux.

4. Je lève mon verre et
   a. je bois sec.
   b. je pars dans le même sens.
   c. je bois à votre santé.
   d. je vide mon sac.
5. Mes enfants mettent tout sens dessus dessous chaque fois qu'ils
   a. jouent à saute-mouton.
   b. se promènent bras dessus bras dessous.
   c. ne savent que faire.
   d. me donnent un coup de main dans le jardin.
6. J'ai reçu un savon parce que
   a. je n'ai pas fait mes devoirs.
   b. je vais prendre un bain.
   c. je me suis rasé toute la matinée.
   d. c'est ma fête.

B. *Trouvez les questions qui amèneraient les réponses suivantes:*

1. Pas que je sache.
2. Non, ça sent mauvais.
3. Cela est très bon.
4. Parce que je suis à sec.
5. Non, je n'ai jamais appris à nager.
6. Cela va sans dire.

C. *Remplacez les tirets par les mots qui conviennent:*

1. Je sais que vous avez du - - - - donc vous pouvez faire comme - - - - .
2. Que faire? Nous avons besoin d'eau et le puits - - - - .
3. «Je suis chaud». – Ça ne se - - - - français.
4. Nous ne - - - - parce que la porte est fermée et nous avons perdu la clef.
5. Tu dis que tu as acheté un ornithorynque? Quel est - - - - mot? – Je ne saurais - - - - .
6. Quand il y a un accident il faut garder - - - - .
7. Les grenouilles ne - - - - en Angleterre et elles ne - - - - que très rarement en France.
8. Maman est malade ce matin; cela - - - - yeux.
9. Ce marchand se fait - - - - parce que ses affaires n'ont pas été bonnes cette année. Il dit qu'il est à - - - - .
10. Quand j'ai rencontré Mme Lebrun dans le rue je l'ai saluée - - - - .

40 (sérieux-somme)

A. *Étudiez et choisissez:*

1. J'ouvre le robinet parce que je veux

   a. l'entendre chanter.
   b. le faire sortir de sa cage.
   c. boire à ma soif.
   d. écouter la radio.

2. Quand j'ai rencontré mon ami dans la rue

   a. je lui ai serré le cou.
   b. je lui ai donné un coup de poing.
   c. je lui ai donné un coup de soleil.
   d. je lui ai serré la main.

3. Il n'est pas parti?

   a. si.
   b. oui.
   c. aujourd'hui.
   d. ainsi.

4. Quand on est malade il faut

   a. se soigner.
   b. soigner ses devoirs.
   c. être aux petits soins pour sa mère.
   d. boire sec.

5. «Il n'a pas seulement ouvert la bouche» veut dire:

   a. il a serré les dents.
   b. il a passé sous silence ce qu'il a fait.
   c. il a donné sa langue au chat.
   d. il n'a pas dit un seul mot.

6. J'ai le cœur serré parce que je

   a. traverse la Manche.
   b. suis en peine de mon ami qui est très malade.
   c. me suis servi de légumes.
   d. ne peux pas garder mon sérieux.

B. *Remplacez les tirets par les mots qui conviennent:*

1. Il s'est rangé sous les drapeaux en 1939 et il - - - - depuis 20 ans. Il n'est pas officier, il est - - - - .
2. Je passe mes vacances chez M. Fourré. Quand vous m'écrirez, mettez sur l'enveloppe «- - - - de M. Fourré».
3. Il - - - - soleil tous des jours depuis deux mois et maintenant le puits - - - - .

4. Il ne faut pas donner un savon à cet élève parce qu'il - - - - ses devoirs.
5. Vous devez avoir faim! - - - - de légumes et de - - - - .
6. Merci bien! Vous m'avez rendu - - - - .
7. Chaque fois qu'il m'entend parler français il ne sait - - - - .
8. Je lui ai demandé de s'expliquer mais il - - - - .
9. Je suis à sec, ou peu s'en faut, parce que j'ai - - - - .

C. *Trouvez les questions qui amèneraient les réponses suivantes:*

1. Non, il a fait du soleil.
2. Si, j'ai soif.
3. Je boirais de l'eau.
4. Non, je l'ai fait tout seul.
5. Cela ne sert à rien.
6. Oui, servez-vous!

41 (sommeil-taxi)

A. *Étudiez et choisissez:*

1. Cette nouvelle est sûre parce que

a. je l'ai lue dans le journal ce matin.
b. je la tiens de bonne source.
c. j'en sais plus long que vous.
d. cette nouvelle court les rues.

2. « Nous avons des tas de choses à faire » veut dire:

a. nous avons beaucoup de tasses à laver.
b. il faut dire « merci » quand on vous donne quelque chose.
c. nous avons beaucoup à faire.
d. nous avons un tas de bois à couper.

3. Il était impossible de se tenir debout, donc

a. il est sorti à quatre pattes.
b. il est tombé avec un coup sourd.
c. il est sorti en courant.
d. il est sorti à coup sûr.

4. Il avait promis de m'écrire le 6 juin mais je n'ai reçu sa lettre que le 28:

a. tant pis
b. tant mieux.
c. il se fait tard.
d. mieux vaut tard que jamais.

5. Il fait souvent la grasse matinée parce qu'il

a. a le sommeil dur.
b. a le sommeil léger.
c. coupe l'herbe le matin.
d. fait la semaine anglaise.

6. Vous avez beau crier, il ne vous entendra pas parce qu'il

a. fait la sourde oreille à ce que vous dites.
b. est sourd comme un pot.
c. tombe avec un coup sourd.
d. joue au plus sûr.

B. *Remplacez les tirets par les mots qui conviennent:*

1. Il voulait se moucher donc il a - - - - .
2. Que faites-vous à vos heures perdues? – Je fais - - - - .
3. Je bois mon café dans une - - - - .
4. Cet homme réussit toujours. Tout - - - - .
5. Je suis à sec en ce moment et je suis allé chez - - - - pour mettre ma montre - - - - .
6. Tant que je - - - - je n'oublierai pas ce jour.
7. Mon fils est - - - - malade mais ce n'est pas la peine d' - - - - le médecin.
8. Cette chambre a combien de mètres de long? – Elle a six - - - - sur - - - - large.
9. Le maître écrit les mots au - - - - mais les élèves ne - - - - pas.

C. *Trouvez les questions qui amèneraient les réponses suivantes:*

1. Non, mais je peux vous prêter un crayon.
2. Parce que tu m'empêches de faire mon devoir.
3. Je ne sais pas au juste mais il tire sur l'âge.
4. Il est dix heures sonnées.
5. Parce qu'il était trop fatigué pour y aller à pied.
6. Quand nous avons sommeil.
7. Pas plus tard qu'hier.
8. Je le mets sur ma table de nuit.

42 (téléphone-terre)

A. *Étudiez et choisissez:*

1. « Un bon tiens vaut mieux que deux tu l'auras » veut dire:
   a. tout cela tient en deux mots.
   b. il vaut mieux avoir une seule chose que d'en attendre deux qu'on vous a promises.
   c. tenez bon! Il faut tenir tête aux ennemis jusqu'à deux heures.
   d. mieux vaut tenir que courir.
2. Il montait à une échelle quand le pied lui a manqué et
   a. il est tombé à terre.
   b. il est tombé par terre.
   c. on l'a mis en terre.
   d. il a gagné du terrain.
3. Il a tendu sa chambre en bleu parce qu'
   a. il a eu une peur bleue.
   b. il avait des rideaux bleus.
   c. il en est resté bleu.
   d. il était couvert de bleus.
4. Vous tournez tellement autour du pot
   a. que je n'y tiens plus.
   b. que j'ai mal à la tête.
   c. qu'il ne tient qu'a vous de le faire.
   d. que je ne sais pas à quoi m'en tenir.
5. Par le temps qui court
   a. on ne pense plus au bon vieux temps.
   b. le temps c'est de l'argent.
   c. on ne se fait plus couper les cheveux.
   d. on passe beaucoup de temps à regarder la télévision.
6. Il n'y a pas de brouillard qui tienne
   a. je vais rester à la maison.
   b. je vais sortir ce soir.
   c. le bateau est à terre.
   d. je ne veux pas passer la nuit sous une tente.

B. *Remplacez les tirets par les mots qui conviennent:*

1. Il marchait sur le trottoir quand il - - - - terre.
2. Après avoir voyagé pendant dix ans dans des - - - -, j'ai enfin le mal du pays et je veux rentrer en France.

3. Maintenant nous n'aurons aucune difficulté à trouver notre route parce que nous sommes - - - - .
4. Ne bougez pas! Tenez - - - - .
5. Tu remues tout le temps! - - - - !
6. Personne ne m'empêchera de faire cela parce que je - - - - .
7. Cet enfant est bien le fils de son père! Tel - - - - !
8. Cet habit est usé; il a fait - - - - .
9. Je vois mon frère de temps - - - - .
10. Pour tuer - - - - nous regardons la télévision.

C. *Trouvez les questions qui amèneraient les réponses suivantes:*

1. Parce que le pied lui a manqué.
2. Non, il faut tenir la droite en France.
3. Je le tiens à la main.
4. Oui, je tends à le croire.
5. Il fait beau temps.
6. J'ai téléphoné à Jules.
7. Nous l'avons vu à la télévision.

43 (tête-tourner)

A. *Étudiez et choisissez:*

1. « Il a le timbre fêlé » veut dire:

a. il n'a pas de timbres.
b. il a fait un signe de tête.
c. il est fou.
d. il est très intelligent.

2. Au lieu de tourner autour du pot,

a. vous parlez à tort et à travers.
b. dînons tête à tête.
c. la tête me tourne.
d. dites-moi la vérité.

3. Je suis tombé de mon haut

a. quand j'ai appris cette nouvelle.
b. quand le pied m'a tourné.
c. quand je suis tombé sur mon ami.
d. quand je montais sur mes grands chevaux.

4. Je me suis approché de l'étranger et je lui ai demandé le chemin de la gare. Il a répondu:

   a. cherchez toujours!
   b. il faut faire le tour du monde.
   c. vous ne tombez pas bien. Je ne suis pas d'ici.
   d. n'y allez pas par quatre chemins!

5. Vous dites que cette jolie jeune fille est tombée amoureuse de moi?

   a. vous vous payez ma tête!
   b. je ne sais où donner de la tête.
   c. j'en ai par-dessus la tête.
   d. on vous a fait tort.

6. «Il a plus d'un tour dans son sac» veut dire:

   a. il n'achèterait jamais chat en poche.
   b. il a les moyens de faire le tour du monde.
   c. l'affaire est dans lc sac.
   d. il a toujours de bonnes idées pour se tirer d'affaire.

B. *Trouvez les questions qui amèneraient les réponses suivantes:*

1. Au contraire, je me suis levé très tôt.
2. Non, j'ai raison.
3. Non, ils étaient tête nue.
4. Non, je suis sérieux.
5. Tournez à gauche ici et puis continuez tout droit.
6. Non, il est parti la semaine dernière.

C. *Remplacez les tirets par les mots qui conviennent:*

1. On dit, à - - - -, qu'il a le timbre fêlé.
2. Cela m'a touché - - - - quand j'ai appris cette triste nouvelle.
3. Elle est allée à la banque pour - - - - .
4. Le chasseur a - - - - mais il a manqué l'oiseau.
5. Je viens de toucher - - - - . Cet argent me - - - - .
6. Voici de beaux disques qu'on vient de me donner. Voulez-vous me prêter votre - - - - ?
7. Pourquoi n'as-tu pas - - - - plat? N'as-tu pas faim?
8. Mon ami s'est - - -- de faire le tour du monde.
9. Je vais me reposer un peu parce que j'ai - - - - .
10. Ce cheval - - - - ! Il va gagner !

44 (tout-utile)

A. *Étudiez et choisissez:*

1. Il s'est mis sur son trente et un, c'est à dire

   a. il est né le trente et un de ce mois.
   b. il a mis ses plus beaux habits.
   c. il a beaucoup à faire.
   d. on ne le voit que rarement.

2. «Il est en train de fumer» veut dire:

   a. il est dans un wagon-fumeurs.
   b. il fume dans le train.
   c. il est sur le point de fumer.
   d. il est occupé à fumer en ce moment.

3. Vous avez écrit: «Personne n'est *pas* venu»

   a. il y a là un mot de trop.
   b. je me tue à vous répéter que c'est faux.
   c. il n'y a pas à s'y tromper.
   d. vous avez sauté un mot.

4. «Puis-je être utile en rien? » veut dire:

   a. est-ce que je suis de trop?
   b. puis-je vous aider?
   c. il n'y a rien à faire, n'est-ce pas?
   d. puis-je vous prêter mes outils?

5. Vous ne voulez ni l'une ni l'autre de ces deux belles robes?

   a. vous êtes par trop difficile.
   b. vous devez vous tromper.
   c. mais elles sont tout ce qu'il y a de plus chic.
   d. elles se ressemblent l'une à l'autre.

6. «Je vois mon oncle tous les trente six du mois» veut dire:

   a. je le vois souvent.
   b. je le vois tous les deux mois.
   c. je ne le vois que très rarement.
   d. je ne le vois jamais.

B. *Remplacez les tirets par les mots qui conviennent:*

1. L'année dernière il a neigé - - - - hiver.
2. Mon père déjeune tout - - - - journal.
3. Ce monsieur mène - - - - parce qu'il roule sur l'or.
4. Tout - - - - on a fait silence.
5. Je te reverrai tout - - - - .

6. Mon père ne vit plus, il - - - - guerre.
7. Paris - - - - de la Seine.
8. Cet homme est mon meilleur ami. Je suis à - - - - avec lui.
9. Paul ne devrait pas conduire une auto parce qu'il boit - - - - .
10. Je vous ai dit - - - - fois que je ne peux pas venir vous voir. Je me tue - - - - .
11. Une, deux, trois, - - - - !

C. *Remplacez les tirets par* l'un(e) l'autre, les un(e)s les autres, l'un(e) à l'autre, les un(e)s aux autres, l'un(e) de l'autre, les un(e)s des autres.

1. Les deux amis se regardent - - - - .
2. Les deux amies se souviennent - - - - .
3. Tous ces gens s'aident - - - - .
4. Les soldats se racontaient des histoires - - - - .
5. Mes deux sœurs se moquent - - - - .
6. Mes deux frères se parlent - - - - .

45 (vacances-vitre)

A. *Étudiez et choisissez:*

1. Je ne comprends jamais ce qu'il dit parce qu'il

a. parle français comme une vache espagnole.
b. va plus vite que le vent.
c. est pris de vin.
d. vient de France.

2. C'est vieux jeu ça; il faut essayer

a. de jouer au plus sûr.
b. d'être dans le vent.
c. de faire de la vitesse.
d. d'être à la page.

3. Ils en sont venus aux mains pour rien du tout

a. ils se sont dit leurs quatre vérités.
b. ils se sont fait bon visage.
c. ils se sont donné un coup de main.
d. c'est une tempête dans un verre d'eau.

4. Ne faites pas venir le médecin

   a. cela n'en vaut pas la peine.
   b. mieux vaut tard que jamais.
   c. autant vaut rester ici.
   d. il y va de la vie.

5. Nous avons frappé à sa porte mais

   a. nous avons cassé les vitres.
   b. il était en vacances.
   c. nous avons trouvé visage de bois.
   d. il nous a dit: «soyez les bienvenus!».

6. Après avoir lavé ses bas

   a. elle les a vus emporter par un coup de vent.
   b. elle les a mis au vent.
   c. elle a tourné à tout vent.
   d. elle s'en est lavé les mains.

B. *Remplacez les tirets par les mots qui conviennent :*

1. Allons, et - - - - cela! Nous n'avons pas de temps à perdre.
2. Le cheval courait - - - - terre.
3. Julie se regardait dans la glace parce qu'elle - - - - .
4. Autrefois il était très méchant mais il a changé - - - - .
5. Non, il ne roule pas sur l'or mais il gagne - - - - quand même.
6. Autrefois nous demeurions à la campagne mais maintenant nous - - - - ville.
7. Ça m'étonne d'apprendre que vous êtes malade parce que vous avez - - - - .
8. Ma tante ne s'est jamais mariée; c'est une - - - - .
9. Il n'y avait personne dans l'autobus. Il roulait - - - - .
10. Vous voulez un verre - - - - vin? Voici un verre - - - - vin. Servez-vous!
11. Dieu seul sait s'il a raison ou - - - - . Qui vivra - - - - .
12. Ils nous ont reçus à bras ouverts. Ils ont dit: «- - - -!».
13. - - - - vite!. le train - - - - arriver.

C. *Trouvez les questions qui amèneraient les réponses suivantes:*

1. Non, cela est impossible parce que l'Hôtel de Ville n'est pas un hôtel.
2. Non, nous allons dîner en ville.
3. Nous sommes allés au bord de la mer.
4. Oui, et il pleut aussi.
5. Le maître va casser les vitres.
6. Non, c'est vieux commes les rues.

A. *Étudiez et choisissez:*

1. Le chef de gare a crié
   a. bon voyage!
   b. en voiture!
   c. allons, et plus vite que cela!
   d. veuillez vous asseoir!
2. Elle est obligée de porter des lunettes parce qu'elle
   a. nous a perdus de vue.
   b. a la vue basse.
   c. a une belle vue
   d. est bien vue de tous.
3. Mon ami m'a volé un peu d'argent mais
   a. j'y gagnerai
   b. j'ai crié « au voleur! »
   c. je ne lui en veux pas parce qu'il est pauvre.
   d. il y est pour quelque chose.
4. « Vouloir, c'est pouvoir » veut dire:
   a. je n'ai pas le pouvoir de faire ce que vous voulez.
   b. cela n'est pas en mon pouvoir.
   c. aussitôt dit, aussitôt fait.
   d. quand on veut vraiment faire quelque chose, on trouve le moyen de le faire.
5. Il n'a rien à voir là-dedans, c'est à dire
   a. il n'a rien à y voir.
   b. cela ne le regarde pas.
   c. il y est pour quelque chose.
   d. ni vu ni connu.
6. Je vous ai fait du mal mais
   a. je l'ai fait sans le vouloir.
   b. que voulez-vous que je fasse?
   c. j'y pense toujours.
   d. je ne peux pas vous voir.

B. *Trouvez les questions qui amèneraient les réponses suivantes :*

1. Oui, mais elle ne reçoit pas aujourd'hui.
2. Faites comme vous voudrez.
3. Un ami de la République!
4. Non, mais nous avons de quoi vivre.

5. Parce qu'il fait cher vivre ici.
6. Voulez-vous bien vous taire!
7. Voilà dix ans que je le connais.
8. Le voilà qui entre.

C. *Remplacez les tirets par les mots qui conviennent:*

1. Vous - - - - Français, vous devriez apprendre les langues - - - - .
2. Nous - - - - Anglais, nous croyons que tout le monde - - - - apprendre l'anglais.
3. Cet homme ne vaut rien. C'est un - - - - .
4. « Le Mistral » est un train merveilleux. Il a un wagon - - - - et un wagon - - - - .
5. Papa est très malade mais il guérira bientôt. Dieu - - - - !
6. Ah, j'y - - - - ! Vous voulez dire qu'il est parti.
7. Maurice Chevalier était une des personnes - - - - vue.
8. Il ne voyage pas pour - - - - mais pour ses affaires.
9. Je serai obligé de travailler samedi mais j'irai - - - - dimanche.
10. Ça - - - - ! Nous avons enfin fini ces exercices.